日本社会の
変容と
ヤングケアラーの
生成
地域の実態調査から
支援の方向性を考える

宮本 恭子 著

晃洋書房

はしがき

　家族の介護その他の日常生活上の世話を過度に行っていると認められるこども・若者を「ヤングケアラー」という．「見えないケアラー」とも呼ばれ，どう発見するかが最初の課題とされる．ヤングケアラーについては，支援体制の強化等の対策を進めてきているが，ヤングケアラーへの支援について法律上明確な根拠規定が設けられていなかった．

　ヤングケアラーへの関心が高まるなか，家族の介護や世話に追われる「ヤングケアラー」の支援を明文化した改正子ども・若者育成支援推進法が2024年6月5日，参院本会議で可決・成立した．国や自治体が支援に努める対象として明記することで，相談窓口の整備などを促す狙いである．ヤングケアラーは法律上の定義がなく，国内では18歳未満のこどもと位置づけるのが主流だった．だが，家族のケア負担の影響は18歳以上になっても続くため，政府はおおむね30代までを含む子ども・若者育成支援推進法で法制化することで，18歳以上の若者にも切れ目なく支援を続けることを明確にした．改正法は，ヤングケアラーを「家族の介護その他の日常生活上の世話を過度に行っていると認められる子ども・若者」と定義している．

　ヤングケアラーの存在は，イギリスでの調査によって明らかになりかつ研究は先行している．2005年頃から先行するイギリスでの研究を紹介する形で，日本でもヤングケアラーの研究が始まった[1]．日本では近年，「ケアラーのケア」(介護者支援ともいう) に注目が当たる中で，その1つの側面であるヤングケアラーにも注目が集まっている．2010年には一般社団法人日本ケアラー連盟が設立され[2]，実態調査や各種調査などが行われるなどの活動も進みだした．

　全国の実態調査を踏まえ，政府も積極的な支援策を打ち出した．有効な支援策を考えるために，行政だけでなくヤングケアラー当事者や元ヤングケアラー，民間の支援団体などの声が反映される機会も多く見受けられるようになった．こうして，官民を挙げての具体的な支援策が一気に進みつつあるが，ヤングケアラーにどのような支援を届ければよいのか，どのような支援策が効果的なのか，まだまだ手探りの状態である．今はまだ「とにかくやってみよう」の段階であるが，「やってみてどうか」という，現状で実施されている支援策がヤン

グケアラーの負担をどの程度軽減しているのか，その有効性についての本格的な検証は始まったばかりであり[3]，今後の課題である．

　加えて，最も重要であるのは，そもそも"なぜ，こどもが介護者になっているのか"，"なぜ，ヤングケアラーが生み出されるのか"，という原因や背景要因を明らかにし，その処方箋を提示することであり，"新たなヤングケアラーを生まない"，という予防的な視点からのアプローチではないだろうか．しかしながら，この点については政府を含め学術的な調査研究は未着手である．このような問いこそが，ヤングケアラーにとって『真』に必要な対策と言えよう．

　本著の目的は，ヤングケアラーを生み出している"本当の病"の原因と処方箋の探求を試みることにある．特徴は2つある．1つは，日本社会の変容とともに，家族と介護をめぐる問題が新しい社会的リスクとして出現するなかで，こども介護者が生み出されている構造的特徴について，理論的・実証的な検証を行った点にある．また，ヤングケアラーの支援対策を考えるために，先進地域の現地調査をもとにその取り組みを紹介しながら，ヤングケアラーを取り巻く社会構造そのものを変える必要があることを提起していることも特徴である．

　ヤングケアラーへの本格的な支援は緒についたばかりである．本著をとおして，ヤングケアラーに思いをはせる人が1人でも増えれば幸いである．

　注
　1）河本秀樹「日本のヤングケアラー研究の動向と到達点」『敬心・研究ジャーナル』4（1），1，2020.
　2）日本ケアラー連盟については次のサイトを参考のこと．〈https://carersjapan.jimdofree.com/〉.
　3）有限責任監査法人トーマツ「ヤングケアラー支援の効果的取組に関する調査研究報告書」2024年3月〈https://www2.deloitte.com/jp/ja/pages/about-deloitte/articles/news-releases/nr20240424-2.html〉（2024年7月20日アクセス）．

目　　次

はしがき

第1章　日本のセーフティネット構造と新しい社会問題の出現 ……1
　はじめに　　(3)
　1　日本のセーフティネット構造　　(3)
　2　新しい社会問題の出現　　(5)
　おわりに　　(9)

第2章　なぜ，ヤングケアラーが生まれるのか ………………………11
　はじめに　　(13)
　1　ヤングケアラー支援の政策動向　　(13)
　2　ヤングケアラーを取り巻く社会構造の変化　　(15)
　3　島根県のヤングケアラーの実態　　(22)
　おわりに　　(34)

第3章　ヤングケアラーの孤独・孤立を未然に防ぐために ………39
　はじめに　　(41)
　1　ヤングケアラーの多様な状況　　(42)
　2　支援の政策方針　　(46)
　3　「時間の貧困」がこどもに与える影響　　(48)
　4　親の働き方とヤングケアラー発生との関連　　(51)
　おわりに　　(54)

第4章　「ひとり親家庭のヤングケアラー」と
　　　　　「ことばのケアを担うヤングケアラー」の実態と支援策 … 59
　はじめに　　(61)
　1　A市のヤングケアラーの実態　　(62)

iv

　　2　「ひとり親家庭のヤングケアラー」の実態　　(69)

　　3　「ことばのケアを担うヤングケアラー」の実態　　(73)

　おわりに　(78)

第5章　ケアラーを社会全体で支える北海道栗山町の
　　　　ヤングケアラー ……………………………………………… 81

　はじめに　(83)

　　1　栗山町の概況　(83)

　　2　ケアラー支援　(85)

　　3　栗山町のヤングケアラーの実態　(94)

　おわりに　(110)

第6章　切れ目のないこども・若者支援でケアラーを支える
　　　　埼玉県上尾市 ………………………………………………… 113

　はじめに　(115)

　　1　上尾市の概況　(115)

　　2　上尾市のヤングケアラーの実態　(117)

　おわりに　(157)

終　章　新たなヤングケアラーが生まれないために ……………… 161

　謝　　辞　(165)

　索　　引　(167)

第1章

日本のセーフティネット構造と
新しい社会問題の出現

はじめに

　本章では，日本のセーフティネットの構造的特徴と課題を明らかにし，今日出現している新しい社会問題との関連性に焦点を当てながら，今後の日本の社会保障の展望について概観する．今日出現している社会問題の1つが「ヤングケアラー問題」に他ならない．

1　日本のセーフティネット構造

(1)　社会保障制度の仕組み

　社会保障制度は，「国民の生活の安定が損なわれた場合に，国民にすこやかで安心できる生活を保障することを目的として，公的責任で生活を支える給付を行うもの[1]」である．社会保障の目的は，「生活の最低限度の保障」から「広く国民に安定した生活を保障するもの」への変化を遂げた．かつての「貧困からの救済（救貧）」から，「貧困に陥ることの予防（防貧）」への転換である[2]．日本では「セーフティネット」という言葉でも用いられる．

　日本の社会保障制度は4層構造になっている．社会保障制度の中心は社会保険制度である．社会保険制度には，労災保険，年金制度，医療保険，雇用保険，介護保険制度などが含まれる．保険料を拠出することを原則に給付が行われる「応益負担」が原則である．さらに福祉のニーズに応じて老人福祉，障害福祉，児童福祉などの社会福祉制度がある．福祉サービスの必要性に応じてサービスが給付される仕組みである．また，最後のセーフティネットと言われる生活保護制度の一歩手前で自立した生活に戻れるための制度として，さまざまな困難の中で生活に困窮している人に包括的な支援を行う「生活困窮者自立支援制度」が2015（平成27）年4月から始まった．日本で最も新しい社会保障制度である．

(2)　新たなセーフティネットの拡充

　生活困窮者自立支援制度は，「第1のセーフティネット」である社会保険制度や労働保険制度等では十分な対応ができない生活困窮者等の増大を背景として，生活保護制度の前段階である「第2のセーフティネット」の一環として構築された制度である（図1-1）．新たなセーフティネットの拡充を図り，生活

困窮者が生活保護に至る前の段階で，自立に向けた支援を行い，生活再建を進めていくことを目指している．

　生活全般にわたる困りごとの相談窓口が全国に設置されている．働きたくても働けない，住む所がない，など，地域の相談窓口に相談できる．相談窓口では一人ひとりの状況に合わせた支援プランを作成し，専門の支援員が相談者に寄り添いながら，他の専門機関と連携して，解決に向けた支援を行う．支援内容（家族全体を支援）は，下記のとおりである．

・自立相談支援事業（あなただけの支援プランを作る）
・住居確保給付金の支給（家賃相当額を支給する）
・就労準備支援事業（就労機会の提供，就労支援）
・家計改善支援事業（家計の立て直しをアドバイス）
・生活困窮世帯の子どもの学習
・生活支援事業（子どもの明るい未来をサポート）
・一時生活支援事業（住居のない方に衣食住を提供する）

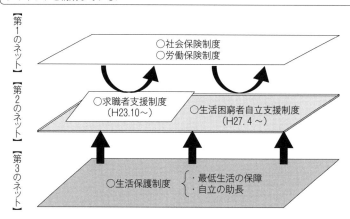

図1-1　生活困窮者自立支援制度

出所：厚生労働省「生活困窮者自立支援制度等による居住支援について」〈https://www.mhlw.go.jp/content/12501000/001116708.pdf〉（2024年7月20日最終アクセス）．

2 新しい社会問題の出現

(1) 社会構造の変化と社会問題

　重層的なセーフティネットが必要になった背景には，新しい社会問題の出現がある．雇用・家族を取り巻く社会経済の構造的な変化は個人の生活を支える基盤に影響を与えている．この構造的変化とは，例えば，超高齢・人口減少社会の到来であり，未婚化・晩婚化による単身世帯の増大や高齢者世帯・ひとり親世帯の増加であり，貧困と格差の拡大などである．雇用の面では，正規雇用・終身雇用に代表される「日本型雇用」と評された雇用システムは，非正規の増加などにより揺らぎ，現役世代は経済的に弱体化し，社会保険や労働保険を利用できる環境にない者も増加している．

　ところが，歴史的に見ると，これらの者を支えるべき日本の公的な福祉サービスは，家族や地域社会・雇用といった強固なセーフティネットが外部に張られている前提で，そこから漏れた高齢・障がい・困窮などといった対象ごとに「縦割り」で整備されてきた．ここでは，安定した就労を確保した人々は，仮に個人が病気や失業，離婚や家族との死別などのアクシデントに遭遇したとしても，血縁や地縁を軸にした「家族福祉」・コミュニティや終身雇用，住宅を含む福利厚生，企業による教育訓練を前提とした「企業福祉」が個人の生活を支えてきた．

　対象ごとの「縦割り」のシステムは，各制度の発展過程においては，専門的なサービスを提供するという点で効果的であり，社会保障の充実・発展に寄与してきた．ただし，雇用・家族を取り巻く構造変化などを踏まえると，それぞれの福祉サービスのみでは対応しきれない「制度の狭間」にある困りごとが増えてきた．これが今日の複雑深刻な社会問題である．

　例えば，① 非正規の増加などにより，社会保険や労働保険を利用できる環境にない者への支援に課題が生じている，② 家族機能の弱体化は，生活上の困り事（ゴミ出し，食事，買い物，病院受診の付き添い等）を地域生活の継続を左右しかねない課題へと引き上げている，③ ひきこもり，アルコール依存，発達障がい，孤立，1人で多種多様な課題を抱えたケースなど，支援が必要な対象者を一定の枠で括りにくい，④ 「8050問題」に代表されるように80歳の高齢の親と働いていない独身の50歳の子が同居している困窮世帯，⑤ 要介護の親と

障がいの子の世帯，介護と育児に同時に直面しているダブルケア世帯，⑥「ヤングケアラー」と呼ばれるこども介護者の問題など，世帯で複合課題を抱えるケースには，「縦割り」の個別制度は機能しにくいといった具合である．

このような雇用・家族を取り巻く構造変化のなか，"生きていく上で誰かに頼らざるを得なくなったときに誰を頼るのか"，"困ったときにどうするか"という問題が生じている．このような依存問題は，こども，高齢者，失業者が直面しやすい．つまり，「家族福祉」からも「企業福祉」からも排除される人が増えているなか，こども・高齢・障がい・困窮などといった対象ごとに「縦割り」で整備されてきた既存の福祉制度では，"何らかの支援"が必要になった場合に機能しにくくなっており，支援につながることを難しくしていると言える．社会の構造変化のなかにあっては，この"何らかの支援"が必要になった原因が，病気や障がいなどの個々人の事情によるものだけでなく，社会の構造変化に起因するケースが増えており，従来の延長線上に捉えているだけでは解決力を示すことは難しいかもしれない"新しい社会問題"の出現となっている．例えば，"家庭内で何らかの支援が必要になったときに誰を頼るのか"という問題が生じた場合，対応できる大人がいなければ，こどもが大人に代わって，本来大人が引き受ける家事やケアを引き受けざるを得ない「ヤングケアラー」も生まれている．

このようなこども介護者が生み出される背景には，日本の最後のセーフティネットは実質的には社会保障ではなく，依然「家族」（自助）を前提としたままであることが大きく影響しているといえよう．日本では制度的には社会保障（公助）が最後のセーフティネットに位置付けられるが，現状では，社会保障が最後のセーフティネットになっておらず，その社会保障を支えるセーフティネットとなっているのが「家族福祉」である．このことが，こども介護者が生まれる背景要因の１つとなっていることに，社会はもっと注目すべきである．

(2) 成熟社会における社会保障

「ヤングケアラー問題」をはじめとする新しい社会問題への対応を考えるうえで，社会保障はどうあるべきかという視点が重要である．社会保障には最低限度の生活の保障が求められていることは周知のとおりである．憲法25条１項で「健康で文化的な最低限度の生活」を保障，２項で「すべての生活部面について，社会福祉，社会保障及び公衆衛生の向上及び増進」に努めるとある．す

べて国民は，個人として尊重される．「生命，自由及び幸福追求に対する国民の権利」については，公共の福祉に反しない限り，立法その他の国政の上で，最大の尊重を必要とする．

　加えて，今日の成熟社会では多様性のある一人ひとりが社会で尊重され，多様性に応じて幸福を追求する権利を保障されること，そのための制度の充実が不可欠である．制度に一人ひとりを合わせるのではなく，一人ひとりの多様性を尊重できる制度作りが求められる．根拠法は憲法13条の幸福追求権である．国民一人ひとりが，多様性に応じて幸福を追求する権利を保障される．憲法13条（幸福追求権）は，憲法に列挙されていない新しい人権の根拠であり，これからの社会保障制度の拠り所となるものである．

(3) 今後の社会保障を考えるうえでの課題

　社会保障は，社会・経済とともに持続可能なものとしていくための施策が求められている．そのためには，「どこまで社会保障がみるか，守るべきものは何か」という視点が重要になる．図1-2は，社会全体の福祉ニーズを示したものである．図1-2に示すように，「公的」社会保障制度の拡充は，保険料や租税の負担の増加をもたらす一方で，「自助」個人や家族の介護，育児等の負担などを軽減する効果がある．一方，「公的」である社会保障制度を抑制すれば，保険料や租税の負担は減らすことができるが，その分，「自助」である個人や家族がより大きな負担をしなければならなくなる．

　図1-3は，社会保障の費用負担のあり方を示したものである．自助，共助，互助，公助の主な内容を示している．家族の過度な負担を軽減し，社会保障を持続可能なものとしていくために期待されるのが，住民組織やボランティア活動等の互助の拡充であるが，それも働く人の増加や自治会や町内会などの地域コミュニティの衰退などの課題を抱えており，どのように社会の福祉ニーズに対応するかが大きな課題となっている．

図1-2　社会全体の福祉ニーズ

出所：筆者作成．

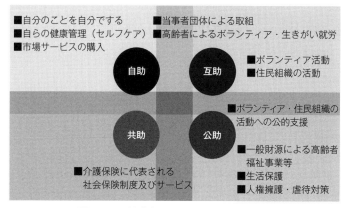

図1-3　社会保障の費用負担のあり方

出所：地域包括ケア研究会「地域包括ケアシステムの構築における【今後の検討のための論点整理】」〈https://www.mhlw.go.jp/seisakunitsuite/bunya/hukushi_kaigo/kaigo_koureisha/chiiki-houkatsu/dl/link1-3.pdf〉(2024年7月19日最終アクセス).

(4) 地域共生社会の実現

　世帯構造の変化,「血縁・地縁・社縁」の弱まりなどにより, つながり・支え合いが希薄化する中で, どのような状況にある人も安心して暮らしていける社会を実現していく必要がある. そうした中,「ニッポン一億総活躍プラン」(2016(平成28)年6月2日閣議決定)で,「子供・高齢者・障害者など全ての人々が地域, 暮らし, 生きがいを共に創り, 高め合うことができる「地域共生社会」を実現する」という理念が掲げられた[3]. 地域のあらゆる住民が役割を持ち, 支え合いながら, 自分らしく活躍できる地域コミュニティを育成し, 福祉などの地域の公的サービスと協働して助け合いながら暮らすことのできる仕組みを構築することを目指すものである.

　地域共生社会の具体的方向性は, 社会保障制度の機能強化と, 地域社会の再生の二方向である. 社会保障制度の機能強化とは, 対象者ごとに縦割りとなっている制度の狭間に陥る者や世帯が生じないよう, 総合的なセーフティネットを構築することである. ヤングケアラーやダブルケア,「8050問題」などの制度の狭間の複合的な課題にアプローチできることを目指す. 地域社会の再生は, 地域ごとに, 地域福祉活動, プロボノ活動(職業上のスキルや専門知識を活かして取り組むボランティア活動), 民間サービス等多様な担い手が参画する地域活動の

推進に取り組むことである．また，ヤングケアラーやダブルケア，「8050問題」などの新たな社会問題に対応するためには，家族の介護負担を軽減することも福祉政策の重要な課題である．

お わ り に

　雇用・家族を取り巻く構造変化のもと，企業福祉と家族福祉を前提とする社会保障は新しい社会問題に対応するためのセーフティネットとして充分に機能しているとはいえず，依然家族福祉を前提とする社会保障のもとで，新しい社会問題の１つである「ヤングケアラー」が生まれている．日本では社会保障（公助）が最後のセーフティネットに位置付けられるが，実質的にはその社会保障のセーフティネットとなっているのが「家族福祉」であることを，ヤングケアラー問題をとおして認識することが必要である．つまり，ヤングケアラーは，個人や家庭の問題にとどまるものではなく，社会構造の変化の中で生み出されており，それがゆえに，社会問題として社会全体で取り組むべき課題であることを国民全体で再認識することが必要である．

注
1）厚生労働省『平成29年度厚生労働白書』2017，p. 5．
2）同上．
3）厚生労働省「地域共生社会の実現に向けた取組の経緯」https://www.mhlw.go.jp/kyouseisyakaiportal/keii/（2024年7月19日最終アクセス）．

第2章

なぜ，ヤングケアラーが生まれるのか

はじめに

第2章では，ヤングケアラーの支援策を考えるうえでの前提となる，ヤングケアラーが生まれる社会構造の解明に焦点を当てる．具体的には，なぜ，こどもが介護の担い手と位置づけられるかを"介護と家族の関係"の視点に着目し考察する．この目的を達成するために，まず，ヤングケアラーが生み出される社会構造を理論的に解明する．次に，島根県が実施した「島根県子どもの生活に関する実態調査」のデータを用いて，以下の実証研究を遂行する．

まず，ヤングケアラー支援の政策動向を整理し，ヤングケアラーが生まれている背景要因を"介護と家族の関係"の視点から理論的に整理する．次に，ヤングケアラーの置かれた状況・環境を明らかにし，その介護状況が学校生活，社会生活などに与える影響を考察する．これらを踏まえて，ヤングケアラーが生まれている社会構造について考察し，支援対策とヤングケアラーを生まない一次予防的な介入方策について検討を試みる．

1 ヤングケアラー支援の政策動向

(1) 実態調査の動向

厚生労働省は2018年度[1]と19年度[2]にそれぞれ，全国の市町村に設置された要保護児童対策地域協議会に対し，ヤングケアラーに関する調査を実施した．18年度は849自治体が回答（回収率48.8％）した．この中でヤングケアラーという概念を「認識している」としたのは27.6％にとどまった．このうち，ヤングケアラーと思われるこどもの実態を把握していたのは34.2％だった．

19年度は707の自治体（回収率40.6％）が回答した．ヤングケアラーの概念を「認識している」としたのは46.7％，「昨年度までは認識していなかったが，認識するようになった」は28.0％で，認識割合は合わせて7割強に高まった．このうち，ヤングケアラーと思われるこどもの実態把握をしているとしたのは30.1％．ヤングケアラーと思われるこどもはいるが実態を「把握していない」が27.7％，「該当するこどもがいない」が41.9％だった．18，19両年度に調査対象となった同協議会は，虐待被害などで保護が必要なこどもの支援を主な目的としている．厚生労働省は，表面化しにくい実態をより正確につかむには教

育現場への調査が必要と判断し，全国規模で調査に乗り出すこととした．

　こうした国の動きにつながったのが，日本ケアラー連盟（東京都）が実施した，教員対象の調査（2015年・新潟県南魚沼市，2016年・神奈川県藤沢市）や大学教授グループによる高校生調査（16年・大阪府，18～19年・埼玉県），埼玉県の高校2年生調査（20年）など民間団体や研究者，自治体による地域限定の調査である．

　実態調査でヤングケアラーの状況が明らかになるにつれて，このような状況を改善するには，国や自治体単位での支援が必要との意見が出るようになり，ヤングケアラーの支援に乗り出す自治体が出てきている．埼玉県では2020年3月，全国ではじめてとなるヤングケアラーを支援するための条例「ケアラー支援条例」が成立した．これは，社会全体で支えることでケアラーの孤立を防ぐ仕組みづくりを目指すもので，ヤングケアラーの教育機会の確保も含まれている．また，この条例を踏まえ，埼玉県では県内の高校2年生5万5000人を対象に実態調査を開始した．調査結果は支援推進計画に反映される．埼玉県で施行された条例のように，ヤングケアラーの実態に即して広く支援の手を差し伸べられる制度や仕組みづくりが国や自治体レベルで求められている．

　おりしも，新型コロナウイルス禍で若者の貧困や自殺が増えたのを受け，政府は2025年度までの「子供・若者育成支援推進大綱」を決めて，孤独・孤立対策の強化を明記した．新たな大綱は新型コロナ禍で「子供・若者の孤立の問題が一層顕在化している」と指摘した．孤独・孤立対策を中心に5つの柱を設けた．そこに，病気や障害のある家族の介護を担う18歳未満のヤングケアラーの実態を調査し，支援することも明記された．

　厚生労働・文部科学両省は2020年12月から2021年2月にかけて「ヤングケアラー」に関する初の実態調査を行い，4月に結果を公表した．調査は全国の公立中学校に通う2年生や全日制高校の2年生，通信制高校の生徒らを対象にインターネットで実施した．中学2年生で5558人，全日制高校の2年生で7407人が回答した．中学2年生のうち世話をする家族が「いる」と答えた割合は5.7%，平日1日に世話に費やす時間が7時間以上という負担が重い生徒も1割程度いた．全日制高校の2年生では4.1%の307人が世話をする家族が「いる」と答え，世話をする頻度は47.6%が「ほぼ毎日」とした．平日1日に世話に費やす時間は平均3.8時間．「7時間以上」は10.7%だった．世話をする家族の内訳を複数回答で聞いたところ，「きょうだい」が中2で61.8%，高2で44.3%と最も多く，「父母」「祖父母」が続いた．

ヤングケアラーはこどもの負担が大きいことが課題となっており，政府が閣議決定した経済財政運営の指針「骨太の方針」には，家族の介護や世話を担うこども「ヤングケアラー」への支援が初めて明記された．孤立しがちなヤングケアラーを早期に発見して支援につなぐ取り組みが予算化される方向になり，国レベルの支援が本格化する見通しである．

(2) 支援の動向

家族の介護や世話に追われるこども「ヤングケアラー」の支援を巡り，厚生労働省と文部科学省は来年度の予算概算要求に支援の事業費を盛り込んだ[10]．厚労省は概算要求で，ヤングケアラー支援のための新規事業を複数，盛り込んだ．自治体の先進的な取り組みを財政面から後押しする「ヤングケアラー支援体制強化事業」の創設，各地にある当事者団体や支援団体の連携を深める「ヤングケアラー相互ネットワーク形成推進事業」の創設，ヤングケアラーがいる家庭や育児に不安を抱える家庭に家事支援などを行う「子育て世帯訪問支援モデル事業」の創設などがある．

「ヤングケアラー支援体制強化事業」では，自治体が行う実態調査や，福祉，医療，教育など各分野のソーシャルワーカー向けの研修などの事業費を国が補助する．自治体が福祉事務所などに「ヤングケアラー・コーディネーター」を配置して民間の支援団体などとの連携体制を整えた場合や，当事者が支え合う「ピアサポート」などの活動に取り組んだ場合などにも事業費を補助することを想定している．

文科省は，スクールカウンセラーやスクールソーシャルワーカーによる相談体制を充実させる事業などにヤングケアラー支援も含めた．学校現場で過度なケアを負担しているこどもの早期発見を図る．政府は令和4年度から6年度までの3年間をヤングケアラーの認知度向上の「集中取組期間」として，啓発イベントの開催等を通じて，広く認知度の向上を図っていく予定である．

2 ヤングケアラーを取り巻く社会構造の変化

(1) 経済社会の変動

ここからは，ヤングケアラーを取り巻く社会構造の変化を経済社会の動きと関連づけながらみてみよう[11]．戦後の高度経済成長に支えられながら，福祉国家

は，国民の福祉の向上を実現してきた．右肩上がりの経済成長と低失業率，それにより形成された正規雇用・終身雇用の男性労働者の夫と専業主婦の妻と子供という核家族モデル，企業の福利厚生の充実，地域社会のつながりが残っているという社会構造を前提にした社会保障制度が柱であった．

　1961（昭和36）年には全ての国民が公的な医療保険制度や年金制度に加入する「国民皆保険・皆年金」が実現し，1970年代初頭までの高度経済成長を背景に福祉国家は拡大を遂げた．ところが，「福祉国家」の危機が1980年代から叫ばれるようになる．2度にわたるオイルショックを契機に，高成長から低成長へ時代が移るのに伴い，福祉国家に対する議論がさまざまな形で行われるようになった．加えて，医療の進歩等により平均寿命が伸びる一方で，他国に類を見ないスピードで少子高齢化が進み，核家族化のさらなる進展に伴って社会保障ニーズが増大した時期でもあった．その反面，核家族化や単身世帯の増加など，世帯の小規模化の進展等により家族や親族内での支え合いの機能がますます希薄化すると同時に，都市化に伴う生活様式の浸透などにより，共同体内での支え合いの機能（地縁の機能）も衰退した．このような日本型福祉の充実に大きく貢献してきたのが，「企業福祉」である．

　家族や親族内での支え合いや共同体内での支え合いの機能が希薄化した後も，比較的強く残っていたのは高度経済成長期までに形成されてきた日本型雇用システムに代表される長期安定的な雇用関係であった．社会保障制度もこの長期安定的な雇用関係を前提として設計されてきたが，その職縁も，非正規雇用の労働者には及ばず，企業の保護の対象から外れるという状態におかれるようになった．

　1990年代初頭以降になると，日本経済は長期の低迷に向かう．バブル経済の崩壊とともに経済のグローバル化が一層進展したこの時期には，企業活動における国際競争が激化した．企業は，経営の不確実性が増大する中で，急激な変化に柔軟に対応するためにパートタイム労働者や派遣労働者といった非正規雇用の労働者の活用を図るようになる．こうして，社会保障の制度設計の前提となってきた日本型雇用システムにも揺らぎがみられるようになった．

　企業福祉に頼ることが難しくなる一方で，日本は他国に類を見ないスピードで高齢化が進み，1994（平成6）年には，人口に占める65歳以上の者の割合が14.5％を超え，「高齢社会」が到来した．高齢化の進行は，介護サービスのニーズを増加させた．こうした状況を背景に，高齢者介護を社会全体で支えるため

に，2000（平成12）年に第5番目の社会保険として介護保険制度が創設された．

（2） 家族の変容

　次に，このような経済社会によって支えられ，経済社会を支えている家族の機能の変容を見てみよう．家族は，社会の基礎的構成単位として経済社会を支えると同時に，経済社会の変化は，家族のあり方に少なからぬ影響を及ぼす．家族はその構成員の生活を維持し，保障するという生活保持機能を基本とする．生活保持機能は，生産・労働機能，養育・教育機能および扶助機能から成る．家族には，構成員の生活を保持するために生産や労働に従事し，こどもを産み育て教育し，その構成員が病気になったり，高齢になって働けなくなり，介護を必要とするようになった場合には，互いに助け合うことが期待されている．このような生活保持機能とともに，家族はまた，安らぎの場としての精神的機能も重視されている．

　しかしながら，戦後の高度経済成長および人口構造の転換の過程で，世帯構造は変化し，高齢者が増えるとともに，1世帯当たりの人数は減少し，働く女性が増える，結婚しない，離婚して単身者の人が増える，同居率も低下する等家族の姿は多様化した．それとともに，家族に期待されていたさまざまな扶助機能をすべての家族が担うことが難しくなった．例えば，家族の誰かが病気になる，介護が必要になり，働き手が職を失ったような場合，かつては家族の扶助機能によって助け合ってきたが，現在の社会にあっては，すべての家族がそれを維持することが難しくなった．

　また，かつての国民の生活基盤の安定は，右肩上がりの経済成長や低失業率と，それらを背景とした企業の長期雇用慣行（終身雇用を前提とした正規雇用）や，地域の雇用維持のための諸施策（公共事業による雇用創出等）などであり，男性世帯主の勤労所得の確保によるところが大きかった．男性世帯主が仕事に専念する一方で，子育てや介護については，専業主婦の奮闘によるところが大きく，家庭内での主婦を中心とする家族によるケアへの依存度を高めていった．

　しかしながら，1990年代以降になると，国内外の社会経済情勢の変化の中で，これまでの社会保障が前提としていた企業福祉も見直される．企業を取り巻く経済のグローバル化，国際競争の激化や産業構造の変化等の環境の中で，その適応を迫られた企業は，給与水準の比較的低い非正規雇用の労働者を増やすことになる．その結果，企業における就業形態は多様化し，かつての日本型雇用

システムを前提とする生活保障機能は低下する．こうして，男性世帯主の勤労所得が不安定になるにつれて，性別役割分業の意識も薄れ，女性の社会進出が進む中で，専業主婦が育児や介護を担うという役割規範も限界となっていった．

専業主婦を中心とする家族が介護の中核を担うことが難しくなるとともに，高齢者人口は増加の一途をたどり，高齢者の介護は家族だけでは担いきれないリスクとして社会的に認識されるようになる．しかし，そのことで家族の負担が軽減されるわけではない．家族の機能が縮小したぶんを，介護保険のサービスで提供できれば，必要とされる介護の提供は充足する．ただし，すべての介護ニーズを介護保険のサービスで代替できない場合には，家族の機能が縮小しているとしても，家族にそれまでどおりの介護が求められる．結果，家族の介護負担は当然過大になり，家族内の誰かが介護を担わざるを得なくなる．その誰かがこどもになるケースが増えている．

家族の機能が縮小するなかにあっても，それまでのケア役割を家族でなんとかやりくりしようとすると，ケアを受ける立場にあるこどもが，大人の介護役割を引き受けざるを得ない事態が生まれる．こうして，本来大人が担うべきケアをこどもが担う"ヤングケアラー"が生まれている．

ケアを受ける立場にあるこどもまでもが介護を担うようになっている現実は，高齢者の介護保障をはじめとするケア政策全般が実態的にも国民意識の上でも，社会的な支援を最も必要とする部分となっているにもかかわらず，実態が追いついていないことを如実に表しているといえよう．にもかかわらず，高齢化と財政難が急速に進む中，介護保険制度はその改革論議の中で，さらなる利用者負担の増加など，「社会化」と逆行する様相を呈しつつある．

家族の経済状況によっては，サービス利用が抑制される傾向さえ存在する．介護保険の自己負担も引き上げられて，利用が抑制される傾向にあるが，家族は変わる中で，「老老介護」「介護離職」「遠距離介護」「ヤングケアラー」の問題が噴出するなど，介護と家族を巡る状況は多様化し，新しい社会的リスクとなって出現している．つまり，家族がセーフティネットとして機能しなくなったにもかかわらず，社会は家族にセーフティネットの役割を期待し続けていることが，「ヤングケアラー」をはじめとする，介護と家族を巡るさまざまな問題を生み出していると言えよう．

第2章　なぜ，ヤングケアラーが生まれるのか　*19*

(3)　「介護の社会化」の逆行

そこで，介護と家族を巡る近年の状況をみてみよう．『国民生活基礎調査』は3年毎に大規模調査が実施されており，介護の状況についても調査が行われている．介護の状況の調査は，2001年以降に調査が始まった．その結果の概要を示した『令和元年国民生活基礎調査の概況』[13]，『平成28年国民生活基礎調査の概況』[14]により，介護する家族の実態を把握する．

1）主な介護者の続柄，年齢

①続柄

主な介護者の続柄は，**表2-1**に示すように，子が31.5%，配偶者が24.0%，事業者が12.1%，子の配偶者が8.6%，父母が0.6%，その他0.5%，不詳19.6%である．介護保険法が施行されて20年を迎えた現在でも約7割のケースで家族が主な介護者の役割を担っていることが分かる．

②年齢

主な介護者の年齢は，**表2-2**に示すように，29歳以下0.4%，30〜39歳1.0%，40〜49歳5.6%，50〜59歳19.6%，60〜69歳30.7%，70〜79歳26.5%，80歳以上16.2%であり，介護者の高齢化が進んでいる．一方，59歳以下の現役世代の介護者も26.6%を占めており，介護をしながら働く現役世代の実態がある．

2）介護サービスを利用しない理由

また，介護保険制度におけるサービスを利用しなかった理由をみると（**表2-3**），「家族介護でなんとかやっていける」が最も多く，2016年43.8%，2019年46.6%となっている．「本人でなんとかやっていける」も多く，2016年27.9%，2019年28.4%となっている．介護保険が始まって20年近くが経つが，家族の介護意識はあまり変わっておらず，家族内でなんとか介護しようとする傾向が続いていることがわかる．このように，本来，「社会化」すべきケアの一定の部分を，依然家族が引き受けている実態がうかがえる．

3）要介護者等のいる世帯の状況

家族で介護を引き受けている一方で，家族の人数は減っている．介護保険法の要支援又は要介護と認定された者のうち，在宅の者（以下「要介護者等」という.）

表2-1 主な介護者の介護を要する者との続柄（%）

続柄	
配偶者	24.0
子	31.5
子の配偶者	8.6
父母	0.6
その他の親族	3.2
事業者	12.1
その他	0.5
不詳	19.6

出所：厚生労働省『国民生活基礎調査　令和元年』より作成.

表2-2 同居の主な介護者の年齢階級別の割合（%）

年齢階級	
29歳以下	0.4
30〜39歳	1.0
40〜49歳	5.6
50〜59歳	19.6
60〜69歳	30.7
70〜79歳	26.5
80歳以上	16.2

出所：厚生労働省『国民生活基礎調査　2019年度』より作成.

表2-3 介護保険制度におけるサービスを利用していない理由（%）

	2019年	2016年
家族介護でなんとかやっていける	46.6	43.8
介護が必要な者（本人）でなんとかやっていける	28.4	27.9
他人を家に入れたくない	6.8	4.7
外出するのが大変	8.6	8.3
どのようなサービスがあるかわからない	2.8	2.8
サービスを受ける手続きがわからない	1.7	2.3
利用者負担が払えない	1.6	1.8
受けたいサービスがない	3.4	3.4
入院していた	1.0	8.0
その他	12.7	8.7
不詳	22.1	27.2

出所：厚生労働省『国民生活基礎調査令和元年・平成28年』より作成.

のいる世帯の世帯構造をみると，「核家族世帯」が40.3％で最も多く，次いで「単独世帯」が28.3％，「その他の世帯」が18.6％となっている．年次推移をみると，「核家族世帯」と「単独世帯」の割合は上昇傾向であり，「三世代世帯」の割合が低下している（表2-4）.

（4）　ケアニーズの増大

　ヤングケアラーが生まれやすい背景・要因として，ケアニーズが増えているにもかかわらず，大人が家庭内のケアに対応することが難しくなっている現状

表2-4　要介護者のいる世帯の世帯構造の構成割合の推移

(%)

年次	単独世帯	核家族世帯	三世代世帯	その他の世帯
2001（平成13）年	15.7	29.3	32.5	22.4
2019（令和元）年	28.3	40.3	12.8	18.6

出所：厚生労働省「2019年国民生活基礎調査の概況　Ⅳ介護の状況」https://www.mhlw.go.jp/toukei/saikin/hw/k-tyosa/k-tyosa19/dl/05.pdf

が挙げられる．こどもがケアを担う背景には，家庭の経済状況の変化，共働き世帯の増加，少子高齢化，地域のつながりの希薄化などからくる地域力の低下，こどもの貧困といったさまざまな要因がある．

　ケアを必要とする人が増加する一方で，労働市場での女性や高齢者の活躍がより一層広がり，大人が家庭にかけられる時間やエネルギーが減っている．介護サービスは整いつつあるものの，それが届いていない家庭があったり，届いたとしても課題解決に至らなかったりする場合もある．また，家族によるケアを当たり前とする文化的背景もあり，ヤングケアラーは，年齢や成長の度合いに見合わない重い責任や負担を負うことで，本人の育ちや教育に影響を受けることがある．

　ひとり親世帯は，1995年の311万世帯から，2020年に462万世帯に1.5倍増えた．要介護者は，介護保険が始まった2000年の218万人から2020年には657万人と3倍に増えた．一方，共働き世帯は，1980年の614万人から2020年の1240万人と2倍に増えて，母親の約8割が働いている．核家族化も進み，1世帯当たりの人数は，2020年に2.21人となった．さらに，地域コミュニティも衰退し，孤独・孤立化しやすい社会となっている．このような社会の構造変化の中で増大するケアニーズについて，子育て世代のがん患者と精神障害者の状況を見てみよう．

1）子育て世代のがん患者の状況

　国立がん研究センターがん対策情報センターの統計（表2-5）によれば，30歳代，40歳代，50歳代の就労世代のがん罹患者が増加していることがわかる．がん罹患者と人口に対する割合を経年で見ると，30歳代，40歳代，50歳代の子育て世代で1975年から一貫して増加し続けている．80年代初頭には死因の第1位になり，年間で3人に1人ががんで亡くなっている．国民の2人に1人は一

表2-5 子育て世代のがん患者状況の推移

	罹患数（人）			人口（人）			率（%）		
	30歳代	40歳代	50歳代	30歳代	40歳代	50歳代	30歳代	40歳代	50歳代
1975年	15,930	26,076	37,499	17,706,000	15,591,000	10,460,000	0.09	0.17	0.36
1985年	14,193	31,443	66,859	19,799,000	17,378,000	14,938,000	0.07	0.18	0.45
1995年	10,335	39,622	72,404	15,966,000	19,645,000	16,894,000	0.06	0.20	0.66
2005年	12,406	33,235	92,647	18,537,000	15,868,000	19,122,000	0.07	0.21	0.48
2015年	15,318	48,820	88,849	15,974,000	18,613,000	15,625,000	0.10	0.26	0.57
2020年	15,531	51,791	91,747	14,212,000	18,344,000	16,678,000	0.11	0.28	0.55

出所：がん情報サービス〈https://gdb.ganjoho.jp/graph_db/gdb4?dataType=30〉，人口推計 e-stat より作成．

生のうち1度はがんにかかる時代となり，まさにがんは「国民病」といえる．ところが近年では検診による早期発見・早期予防の重要性が認識され，治療技術の発展とともに生存率は改善され続けている．「がん＝死」から「がんと共に生きる」時代へと変貌しつつあるといえる．そうしたなか，近年では子育て世代のがん患者が増える傾向にあり，仕事や家事，子育てと治療の両立の在り方が問われている．

2）子育て世代の精神障害の罹患状況

外来の年齢階層別精神障害者数の推移（表2-6）について，2017年においては，精神障害者総数389万1000人のうち，35歳以上44歳未満58万2000人（15.0%），45歳以上54歳未満63万9000人となっている．これを経年でみると，2002年においては，精神障害者総数223万9000人のうち，35歳以上44歳未満34万2000人（15.3%），45歳以上54歳未満36万8000人（16.4%）となっており，総数に占める子育て就労世代の精神障害者は増える傾向にあることがわかる．複数の障害を併せ持つ者もいるため，単純な合計にはならないものの，国民のおよそ6%が精神障害を有していることになる．

3 島根県のヤングケアラーの実態

(1) データ及び分析対象

ここからは，こどもがケアを引き受けている実態をみてみよう．用いるデータは，島根県健康福祉部地域福祉課が令和元年9月に実施した「島根県子ども

第2章　なぜ，ヤングケアラーが生まれるのか　　*23*

表2-6　年齢階層別精神障害者・外来数の推移（万人）

	2002年	2005年	2008年	2011年	2014年	2017年
総数	233.9	267.5	290.0	287.8	361.1	389.1
0〜24歳	22.8	27.2	27.7	27.9	36.3	38.5
25〜34歳	34.9	39.5	35.8	33.7	36.2	36.2
35〜44歳	34.2 (15.3)	46.2 (17.3)	50.0 (17.5)	50.4 (17.5)	58.5 (16.2)	58.2 (15.0)
45〜54歳	36.8 (16.4)	37.7 (14.1)	41.6 (14.3)	40.2 (14.0)	52.4 (14.5)	63.9 (16.4)
55〜64歳	33.8	39.7	43.3	37.8	45.5	47.7
65〜74歳	32.0	36.0	39.9	33.3	47.8	51.4
75歳〜	28.9	40.6	51.4	64.2	84.9	93.3
不詳	0.5	0.5	0.6	1.0	1.0	0.7

出所：内閣府「令和4年版　障害者白書」〈https://www8.cao.go.jp/
shougai/whitepaper/r04hakusho/zenbun/pdf/ref1.pdf〉より作成.

の生活に関する実態調査[15]」における個票データを匿名化したものである．これ
は，次世代を担うこども達が，生まれ育った環境に左右されることなく，健や
かに育ち，夢や希望，意欲にあふれ自立した人間へと成長することができる社
会づくりに向けて，こどもの貧困対策における効果的な支援のあり方を検討す
るための基礎資料を得ることを目的に，県全体のこどもの生活実態や学習環境
等について調査を行ったものである．

　調査票は，児童・生徒が回答する「子ども票」と保護者が回答する「保護者
票」から構成され，こどもと保護者それぞれが記入の上，個別に封かんしたも
のを別の封筒に入れてもらい，学校を通じて配布・回収した．調査対象は，島
根県内の学校に通学している小学5年生・保護者5820人，中学3年生・保護者
5749人，高校2年生・保護者6505人である．有効回答数，有効回答率は，小学
5年生4598（79.0%）・保護者4598（79.0%），中学2年生4098（71.3%）・保護者
4092（71.2%），高校2年生3976（61.1%）・保護者3992（61.4%）であった．調査
実施期間は，2019年9月である．倫理的配慮としては，島根県健康福祉部地域
福祉課に研究を申請し，データ利用の許可を得て，匿名化された個票データを
提供してもらい解析した．

(2) 分析方法

　本調査では，こどもの生活における「生活困難」を次の３つの要素から分類する．「①低所得」は，貧困の測定に最も一般的に用いられている指標であるが，本調査においては所得データを補完するために，「②家計の逼迫」と「③子どもの体験や所有物の欠如」という物質的剥奪指標を用いる．以下にそれぞれの詳細な定義を示す．

① 低所得を世帯人数にかかわらず世帯の年間収入が200万円以下とする．

② 「家計の逼迫」は，家計の中で大きな比重を占め，これらの欠乏により，基本的な生活水準を保つことが難しいと考えられる公共料金や食料・衣類の費用が捻出できない状況と定義する．具体的には，保護者票において過去１年間に，経済的な理由で電話，電気，ガス，水道，家賃などの料金の滞納があったか，また，過去１年間に「家族が必要とする食料が買えなかった経験」，「家族が必要とする衣類が買えなかった経験」があったかの７つの項目のうち，１つ以上が該当する場合を「家計の逼迫」があると定義する．

③ 子どもの体験や所有物の欠如
①と②は，世帯全体の生活困難を表すが，子供自身の生活困難を表す指標として，「子供の体験や所有物の欠如」を用いる．ここで用いられる子供の体験や所有物とは，日本社会において，大多数の子供が一般的に享受していると考えられる経験や物品である．具体的には，保護者票において過去１年間に，「海水浴に行く」，「博物館・科学館・美術館などに行く」，「スポーツ観戦や劇場に行く」，「キャンプやバーベキューに行く」，「遊園地やテーマパークに行く」ことが「経済的にできない」，「毎月おこづかいを渡す」，「毎年新しい洋服・靴を買う」，「習い事（音楽，スポーツ，習字等）に通わせる」，「学習塾に通わせる（または家庭教師に来てもらう）」，「お誕生日のお祝いをする」，「１年に１回くらい家族旅行に行く」，「クリスマスのプレゼントや正月のお年玉をあげる」ことが「経済的にできない」，または「子供の年齢に合った本」「子供用のスポーツ用品・おもちゃ」「子供が自宅で宿題（勉強）ができる場所」が「経済的理由のために世帯にない」（全15項目）である．これらの項目のうち３つ以上が該当している場合に，「子供の体

験や所有物の欠如」の状況にあると定義する.

　生活困難層（生活困窮層，周辺層），非生活困難層の分類は，以下のとおりである．生活困難層は生活困窮層と周辺層を合わせた層である．生活困窮層は２つ以上の要素に該当する．周辺層はいずれか１つの要素に該当する．非生活困難層はいずれの要素にも該当しない.

　本調査では，クロス集計に関して，カイ二乗検定によって分布が統計的に有意であるかを検定した．なお，各図表の数値の合算値は，端数処理の関係上，各項目の割合の合計値が100％とならない場合がある.

（3）　ヤングケアラーの抽出
　本調査では，質問項目の「家族の介護・看護（着替えなどの介助，お薬の管理など）」を「ほとんど毎日」，「週に２〜３回」していると回答した者をヤングケアラーとして抽出し，調査対象とした.

（4）　分析結果
１）どのくらいの規模でヤングケアラーがいるのか（表2-7）
　ヤングケアラーに該当する者は，小学生（176／4598人　3.9％），中学生（119／4098人　2.9％），高校生（105／3976人　2.7％）であった．家族の介護・看護の役割が「ほとんど毎日」と回答したヤングケアラーは，小学生35.8％，中学生30.3％，高校生23.8％，「週に２〜３日くらい」は，小学生64.2％，中学生69.7％，高校生76.2％であった．家で「ほとんど毎日」介護・看護をしているこどもは，ヤングケアラーのうち，小学生，中学生，高校生ともに３割程度にのぼる．大阪府が実施した公立高校の実態調査では，高校生のヤングケアラーは5.2％であり，島根県は大阪府と比べヤングケアラーの割合が少ないようにみえるが，本調査では，家での役割についてきょうだいの世話や家事を含んでおらず，これらを含めると，島根県も大阪府と同じくらいのヤングケアラーがいると考えられる.

２）家族の手話や外国語の通訳（表2-8）
　「家族の手話や外国語の通訳」をしているヤングケアラーは，小学生13.1％，中学生15.1％，高校生20.0％であった．高校生の約２割が，家族の手話や外国

表2-7 家族の介護・看護（着替えなどの介助，お薬の管理など）

	ほとんど毎日	週に2～3日くらい	ほとんどしない	無回答	合計
小学生	63 35.8%	113 64.2%	0 0.0%	0 0.0%	176 100.0%
中学生	36 (30.3%)	83 69.7%	0 0.0%	0 0.0%	119 100.0%
高校生	25 (23.8%)	80 76.2%	0 0.0%	0 0.0%	105 100.0%

語の通訳等の役割を担うヤングケアラーであることが明かになった．島根県では出雲市をはじめ，外国籍の家庭が増えており，こどもが通訳を担うヤングケアラーが2割程度いる．外国籍の家庭では，非外国籍の家庭と比べ，ヤングケアラーの出現率が高くなっている．

表2-8 家族の手話や外国語の通訳

	ほとんど毎日	週に2～3日くらい	ほとんどしない	無回答	合計
小学生	7 4.0%	16 9.1%	149 84.7%	4 2.3%	176 100.0%
中学生	7 5.9%	11 9.2%	98 82.4%	3 2.5%	119 100.0%
高校生	10 9.5%	11 10.5%	83 79.0%	1 1.0%	105 100.0%

3）ケアをしている子どもの状況
①性別（表2-9）

　小学生は，男子91人51.7%，女子75人42.6%，中学生は男子52人43.7%，女性53人44.5%，高校生は男子54人51.4%，女性50人47.6%がヤングケアラーと捉えられる．日本ではじめて体系的なヤングケアラーの調査を行った魚沼市では，男子35.4%，女子64.6%と女子の割合が高いが，島根県の小学生と高校生のヤングケアラーは，男子の割合が高い．

第2章　なぜ，ヤングケアラーが生まれるのか　　*27*

表2-9　性別

	男子	女子	答えたくない	無回答	合計
小学生	91 51.7%	75 42.6%	1 0.6%	9 5.1%	176 100.0%
中学生	52 43.7%	53 44.5%	4 3.4%	10 8.4%	119 100.0%
高校生	54 51.4%	50 47.6%	1 1.0%	0 0.0%	105 100.0%

②世帯構成（表2-10）

　魚沼市の実態調査では，ヤングケアラーの世帯構成は「ひとり親の家庭（祖父母同居も含む）」の割合が高いが，島根県では，「ふたり親の家庭」の割合が高い．また，島根県の高校生では，ふたり親（三世代）の割合が44人44.4%で最も多く，親に代わって，こどもが同居する祖父母の介護・看護をしている実態がうかがえる．

表2-10　世帯構成

	ふたり親 （二世代）	ふたり親 （三世代）	ひとり親 （二世代）	ひとり親 （三世代）	その他	無回答	合計
小学生	87 50.0%	55 31.6%	13 7.5%	11 6.3%	8 4.6%	0 0.0%	174 100.0%
中学生	49 41.9%	46 39.3%	10 8.5%	8 6.8%	2 1.7%	2 1.7%	117 100.0%
高校生	32 32.3%	44 44.4%	12 12.1%	7 7.1%	4 4.0%	0 0.0%	99 100.0%

③生活困難別の世帯構成（表2-11）

　生活困難世帯とヤングケアラー世帯の世帯構成を比べると，生活困窮世帯は，非生活困窮世帯と比べ「ひとり親の世帯」の割合が高い．ヤングケアラー世帯では，小学生，中学生，高校生ともに「ふたり親（三世代）」の割合が高くなっており，三世代同居で祖父母を介護しているヤングケアラーが多いことがうかがえる．

表 2-11　生活困窮別の世帯構成（%）

	ふたり親 （二世代）	ふたり親 （三世代）	ひとり親 （二世代）	ひとり親 （三世代）	その他	無回答	合計
小学生全体	54.8	26.2	11.0	5.0	2.3	0.7	100.0
中学生全体	51.2	28.6	11.7	5.0	2.8	0.8	100.0
高校生全体	49.3	29.0	12.1	5.8	2.7	1.2	100.0
小学生困難層	45.6	14.0	24.5	10.0	4.4	1.5	100.0
中学生困難層	36.7	13.4	34.6	10.7	4.0	0.5	100.0
高校生困難層	41.0	17.7	29.1	8.1	3.3	0.8	100.0
小学生周辺層	50.0	23.8	17.0	6.2	2.7	0.4	100.0
中学生周辺層	50.6	28.3	12.1	6.4	1.9	0.8	100.0
高校生周辺層	50.5	24.9	13.3	7.8	3.1	0.4	100.0
小学生非困難層	59.9	28.8	6.7	3.3	0.9	0.4	100.0
中学生非困難層	56.3	31.2	7.1	3.3	1.5	0.5	100.0
高校生非困難層	53.7	32.3	7.3	4.5	1.4	0.8	100.0
ケアラー小学生	50.0	31.6	7.5	6.3	4.6	0.0	100.0
ケアラー中学生	41.9	39.3	8.5	6.8	1.7	1.7	100.0
ケアラー高校生	32.3	44.4	12.1	7.1	4.0	0.0	100.0

４）こどもの生活状況

次に，ヤングケアラーの生活状況をみてみよう．

① 歯を磨く頻度（表2-12）

歯磨きを毎日しないヤングケアラーは，小学生11.9%，中学生9.2%，高校生8.6%となっている．全体では，小学生9.7%，中学生5.7%，高校生3.6%であり，ヤングケアラーは，歯磨きなどの日常的な衛生習慣に問題がみられる傾向にある．

② お風呂に入る頻度（表2-13）

毎日お風呂に入らないと回答したヤングケアラーの割合は，小学生6%，中学生3.3%，高校生2.9%となっている．全体では，小学生2.4%，中学生1.2%，高校生1.1%であり，毎日入浴できていないヤングケアラーがいることがわ

第2章　なぜ，ヤングケアラーが生まれるのか　*29*

表2-12　歯を磨く頻度

	毎日	週に数回	月に数回	めったにしない	無回答	合計
小学生	155 88.1%	18 10.2%	1 0.6%	2 1.1%	0 0.0%	176 100.0%
中学生	108 90.8%	11 9.2%	0 0.0%	0 0.0%	0 0.0%	119 100.0%
高校生	96 91.4%	5 4.8%	0 0.0%	2 1.9%	2 1.9%	105 100.0%

表2-13　お風呂に入る頻度

	毎日	週に数回	月に数回	めったにしない	無回答	合計
小学生	162 92.0%	9 5.1%	0 0.0%	1 0.6%	4 2.3%	176 100.0%
中学生	115 96.6%	3 2.5%	0 0.0%	1 0.8%	0 0.0%	119 100.0%
高校生	99 93.3%	1 1.0%	0 0.0%	2 1.9%	4 3.8%	105 100.0%

かる．

5）高校生の学校の種類（表2-14）

　高校生のヤングケアラーが通っている学校の種類は，全日制公立高校65.7%，全日制私立高校25.7%，定時制公立高校1.9%，高専1.9%，特別支援学校3.8%となっている．全体では，全日制公立高校73.2%，全日制私立高校18.7%，定時制公立高校0.9%，高専2.2%，特別支援学校2.4%となっている．ヤングケアラーは，全日制公立高校に通う生徒が少なく，全日制私立高校や定時制公立高校，特別支援学校に通う傾向が多い．こうした状況は，ヤングケアラーの進学先と家庭の事情とは関連性が深いことを示唆する．また，特別支援学校に通う生徒の場合，何らかのケアを必要とする生徒がほとんどであるが，これらの何らかのケアを必要とするこどもが，ケア役割を引き受けるヤングケアラーとなっている実態があることがわかる．このことは，ケアされる側がケアする側になっている傾向があることを示しており，ケアする側とケアされる側の境界のあいまいさが大きくなる傾向にあることがわかる．

表2-14 通っている高校について

	全日制 公立高校	全日制 私立高校	定時制 公立高校	高専	特別支援 学校 (養護学校)	無回答	合計
高校生	69 65.7%	27 25.7%	2 1.9%	2 1.9%	4 3.8%	1 1.0%	105 100.0%

6）こどもの学びの状況（表2-15）

　勉強が「だいたいわかる」は小学生，中学生で最も多く，小学生44.9％，中学生35.3％，高校生33.3％である．全体では，小学生45％，中学生39.8％，高校生40.8％となっている．「ほとんどわからない」は小学生1.7％，中学生2.5％，高校生1.9％である．全体では，小学生1.0％，中学生2.5％，高校生2.3％となっている．ヤングケアラーと全体のこどもを比べると，「ほとんどわからない」は差があまり見られないが，勉強が「だいたいわかる」は，ヤングケアラーの方が全体のこどもと比べて少ない傾向にある．

表2-15 勉強の理解度

	ほとんど わかる	だいたい わかる	半分くらい わかる	わからない ことが多い	ほとんど わからない	無回答	合計
小学生	39 22.2%	79 44.9%	35 19.9%	14 8.0%	3 1.7%	6 3.4%	176 100.0%
中学生	15 12.6%	42 35.3%	38 31.9%	16 13.4%	3 2.5%	5 4.2%	119 100%
高校生	10 9.5%	35 33.3%	44 41.9%	13 12.4%	2 1.9%	1 1.0%	105 100.0%

7）思いや気持ち

　次に，ヤングケアラーの精神面への影響についてみてみよう．

① 不安に感じることはない（表2-16）

　「不安を感じることはない」の問いに対して，「あまり思わない」と「思わない」と回答した者の割合は，小学生41.5％，中学生40.3％，高校生35.3％となっている．全体では，小学生38.6％，中学生41.3％，高校生51.4％となっており，

表 2-16　不安に感じることはない

	とても思う	思う	あまり 思わない	思わない	無回答	合計
小学生	49 27.8%	54 30.7%	58 33.0%	15 8.5%	0 0.0%	176 100.0%
中学生	30 25.2%	41 34.5%	28 23.5%	20 16.8%	0 0.0%	119 100.0%
高校生	35 33.3%	31 29.5%	24 22.9%	13 12.4%	2 1.9%	105 100.0%

　小学生ではヤングケアラーが全体のこどもと比べ，不安を感じている傾向にある．また，「不安を感じる」に該当すると回答したヤングケアラーは，小学生41.5％，中学生39.8％，高校生35.3％となっており，ヤングケアラーの3割から4割は，不安を感じるなどの精神面の影響が見られる．

　②　孤独と感じることはない（表2-17）
　「孤独と感じることはない」の問いに対して，「あまり思わない」と「思わない」と回答した者の割合は，小学生42.1％，中学生33.6％，高校生32.4％となっている．全体では，小学生34.6％，中学生29.7％，高校生34.7％となっており，小学生と中学生では，ヤングケアラーが全体のこどもと比べて，孤独を感じている傾向にある．つまり，ヤングケアラーの3割から4割は孤独を感じており，誰にも相談できずに孤独，孤立を感じているヤングケアラーが多いことがわかる．

表 2-17　孤独と感じることはない

	とても思う	思う	あまり 思わない	思わない	無回答	合計
小学生	62 35.2%	40 22.7%	42 23.9%	32 18.2%	0 0.0%	176 100.0%
中学生	40 33.6%	39 32.8%	25 21.0%	15 12.6%	0 0.0%	119 100.0%
高校生	37 35.2%	32 30.5%	25 23.8%	9 8.6%	2 1.9%	105 100.0%

③　逃げ出したいような気がした（表2-18）

　「逃げだしたいような気がした」の問いに対して，「いつもそうだ」と「時々
そうだ」と回答した者の割合は，小学生35.2%，中学生36.1%，高校生50.5%
となっている．全体では，小学生25.0%，中学生28.8%，高校生41.9%となっ
ており，小中高すべてで「逃げ出したい」と思っているヤングケアラーが多い
傾向にある．高校生のヤングケアラーの半数は，「逃げ出したい」と思ってお
り，精神面への影響や孤独・孤立が心配される．

表2-18　逃げ出したいような気がした

	いつも そうだ	時々 そうだ	そんなこと はない	無回答	合計
小学生	10 5.7%	52 29.5%	112 63.6%	2 1.1%	176 100.0%
中学生	13 10.9%	30 25.2%	70 58.8%	6 5.0%	119 100.0%
高校生	24 22.9%	29 27.6%	47 44.8%	5 4.8%	105 100.0%

④　自分は価値のある人間だ（表2-19）

　「自分は価値のある人間だ」の問いに対して，「とても思う」と「思う」に回
答した者の割合は，小学生51.1%，中学生69.2%，高校生62.7%である．全体
では，小学生57.1%，中学生60.3%，高校生61.3%となっており，ヤングケア
ラーの中学生，高校生は，「自分を価値のある人間だ」と思っている割合が高
い．このことは，ヤングケアラーはそうではないこどもと比べ，自己肯定感が
高い傾向にあることを示している．特に，「自分は何かの役に立っているとい
う感覚」が注目される．ヤングケアラーにとっては，家族の介護役割を引き受
けることは，家族の役に立っているという自己有用感の高さにつながっている
のではないかと考えられる．

8）世帯全員の年間収入（表2-20）

　世帯全員の年間収入は，小学生と中学生の世帯は「500〜600万円」が最も多
く，小学生17.2%，中学生16.2%である．高校生の世帯は「400〜500万円」が
16.2%で最も多い．世帯の年収にかかわらずヤングケアラーが存在する．

第 2 章　なぜ，ヤングケアラーが生まれるのか　　*33*

表 2 -19　自分は価値のある人間だ

	とても思う	思う	あまり思わない	思わない	無回答	合計
小学生	39 22.4%	50 28.7%	62 35.6%	20 11.5%	3 1.7%	174 100.0%
中学生	24 20.5%	57 48.7%	24 20.5%	12 10.3%	0 0.0%	117 100.0%
高校生	15 15.2%	47 47.5%	29 29.3%	6 6.1%	2 2.0%	99 100.0%

表 2 -20　世帯の年間収入

	収入はない（0円）	1～50万円	50～100万円	100～200万円	200～300万円	300～400万円	400～500万円
小学生	3 1.7%	1 0.6%	0 0.0%	9 5.2%	10 5.7%	17 9.8%	24 13.8%
中学生	2 1.7%	2 1.7%	1 0.9%	3 2.6%	11 9.4%	12 10.3%	12 10.3%
高校生	2 2.0%	0 0.0%	1 1.0%	7 7.1%	11 11.1%	7 7.1%	16 16.2%

	500～600万円	600～700万円	700～800万円	800～900万円	900万円以上	無回答	合計
小学生	30 17.2%	17 9.8%	22 12.6%	11 6.3%	16 9.2%	14 8.0%	174 100.0%
中学生	19 16.2%	12 10.3%	8 6.8%	8 6.8%	13 11.1%	14 12.0%	117 100.0%
高校生	15 15.2%	10 10.1%	10 10.1%	5 5.1%	5 5.1%	10 10.1%	99 100.0%

9）困りごとの相談相手（表 2 -21）

　「ふだん，困っていること，悩みごとや悲しいことを，誰に相談するか」では，小学生では「両親」70.5％，中学生では「友だち」57.1％，高校生では「友だち」56.2％が最も多かった．一方，「相談しようと思わない」は，小学生12.5％，中学生17.6％，高校生21.0％となっており，誰にも相談しようと思わないヤングケアラーが多く見られ，孤立・孤独が心配される．

表2-21 困りごとの相談相手

	お父さんやお母さん	きょうだい	祖父母	親せき（おじ，おばなど）	友だち	学校の先生	放課後児童クラブの先生	塾や習いごとの先生	その他の身近な大人の人
小学生	124 70.5%	30 17.0%	24 13.6%	10 5.7%	75 42.6%	44 25.0%	2 1.1%	2 1.1%	1 0.6%
中学生	63 52.9%	14 11.8%	10 8.4%	5 4.2%	68 57.1%	22 18.5%	—	5 4.2%	4 3.4%
高校生	49 46.7%	20 19.0%	11 10.5%	3 2.9%	59 56.2%	18 17.1%	—	3 2.9%	4 3.8%

	電話で相談できるところ	SNS相談（LINE，チャット相談）	その他	相談できる人はいない	相談しようと思わない	無回答	回答者数
小学生	1 0.6%	1 0.6%	5 2.8%	3 1.7%	22 12.5%	3 1.7%	176 —
中学生	1 0.8%	10 8.4%	1 0.8%	0 0.0%	21 17.6%	4 3.4%	119 —
高校生	2 1.9%	11 10.5%	5 4.8%	2 1.9%	22 21.0%	4 3.8%	105 —

おわりに

　ヤングケアラーを取り巻く社会構造の変化を理論的に分析するとともに，島根県の子どもの生活実態調査のデータを用いてヤングケアラーの実態把握を行った．分析結果から，島根県内においても全国と同じくらいのヤングケアラーがいることがわかった．ヤングケアラーは精神面や学習面に影響が見られるケースもあるが，家族の介護役割を引き受けることが，自己有用感の向上につながっている側面もある．この自己有用感，肯定感の高さがヤングケアラーの未来につながることが重要であるが，ヤングケアラーは，自分がケアラーであることや悩みなどを誰にも相談したことがない者が多く，孤独・孤立の傾向にある．従って，ヤングケアラーの自己有用感が未来につながるよう，未来志向の支援とともに孤立させない支援が求められる．

　「新しいケアラー」が生まれてしまう背景には何があるのか．以前に比べて

世帯構成は小さくなり，家庭内に介護を担うことのできる大人がおらず，必然的にこどもが引き受ける結果になっている実態がある．また，地域のつながりも希薄化している．一方，介護ニーズを潜在化させている「介護の社会化」の不十分さが，こどもに介護役割を引き受けざるを得ない状況を生み出していると言える．

　本来，社会的なサービスとして提供される部分のケアをこどもが担っているとすれば，それは，「お手伝いの域」を明らかに超えて，「児童労働」に該当するものである．その意味で，ヤングケアラーが社会的な支援を受けることは，「子どもの権利」であり，社会はヤングケアラー支援を早急に進める必要がある．

　このことから，介護する家族の支援を充実することが必要であり，それによって，こどもが介護役割を引き受けなくてもよいような法整備が望まれる．介護と仕事の両立支援策も，家庭内の介護ニーズを正確に把握して，介護をしながら働く親の働き方にあった介護サービスの提供がなされているかなどの把握が必要になる．加えて，家庭内でこどもがケアの担い手になっていないか，こどもを潜在的なケアの担い手にしていないか，などの把握も不可欠である．

　超高齢社会における高齢者の介護の提供は，家族による介護，市場での民間介護サービスの可能性，公的な介護保険サービスが考えられる．それぞれが特徴を持つが，それぞれのサービスの長所を生かして，最適かつ有機的な組合せを実現することが求められる．その中で，介護を必要とする当事者に対する支援の充実（本人支援）と，介護の提供者の支援（介護者支援）とが，介護サービス提供の両輪としてデザインされる必要がある．ところが，現状では，家族の介護環境の変化にあった介護者支援は十分ではなく，社会的なサービスの支援が届かない部分のケアを，こどもが担っている実態がある．つまり，「介護の社会化」の不十分さが，多くのヤングケアラーを生み出しているといえよう．

　最後に「見えないケアラー」の正確な把握という課題がある．こどもは自分が行っていることが労働であるとか，それが介護であるという事実に気づくことは簡単ではない．家の手伝いをしている程度だと考えてしまっている可能性が高いだろう．したがって，こどもの側からSOSの声が上がるのを待っていることはできない．大人の側がこれを把握していくために“子どもとのつながり”の仕組みをどう作るかが大事である．

　より重要なのは，介護とはどういうものなのかをこどもに知ってもらう機会をつくることである．長期的にはこどもが自ら声を上げることができるように

なると，ヤングケアラーになるのを予防するという観点からも効果が期待できる．そのために，学校現場における介護・福祉教育の充実を進めることも必要である．

ヤングケアラーに必要なのは，彼らの年齢にふさわしくない過剰な介護のサポート・フォロー体制を整えることである．ヤングケアラーが暮らしやすい社会に向けて，社会でヤングケアラーを支えることが必要である．そのために，民間レベルでも柔軟な支援をしていく必要がある．筆者も「ヤングケアラーサロンネットワーク」という団体を立ち上げて，ヤングケアラーの交流の場づくりや，定期的な勉強会の開催を始めた．

またこどもには，本来大人が担うべき介護を担わなくてすむよう，家族の介護環境の変化に対応して，介護者を支援するための「家族介護者支援」の体系的な制度が必要である．「家族介護者支援」には，介護を必要とする当事者に対する支援の充実（本人支援）と，介護する家族の支援（家族介護者支援）とが一体的に提供できる仕組みが必要であり，そのような家族総合政策があれば，本来大人が担うような介護をこどもが担う必要も少なくなり，ヤングケアラーが生まれにくい社会になるのではないだろうか．

注
1）三菱 UFJ リサーチ＆コンサルティング『ヤングケアラーの実態に関する調査研究報告書案』2021〈https://www.mhlw.go.jp/content/11907000/000767897.pdf〉（2024年7月19日最終アクセス）.
2）同上.
3）日本ケアラー連盟「南魚沼市「ケアを担う子ども（ヤングケアラー）についての調査」《教員調査》報告書」2015〈https://www.manabinoba.com/interview/uploads/yc-research2015%40minamiuonuma.pdf〉（2024年7月19日最終アクセス）.
4）日本ケアラー連盟「藤沢市ケアを担う子どもについての調査《教員調査》報告書」2017〈https://www.manabinoba.com/interview/uploads/yc-research2017%40hujisawa.pdf〉（2024年7月19日最終アクセス）.
5）宮川雅充，濱島淑恵「ヤングケアラーとしての自己認識――大阪府立高校の生徒を対象とした質問紙調査――」『総合政策研究』59，1-14，2019.
6）埼玉県「埼玉県ケアラー支援計画のためのケアラー実態調査結果」〈https://www.pref.saitama.lg.jp/documents/187028/0101tyousa.pdf〉（2024年7月31日最終アクセス）.
7）埼玉県ケアラー支援条例については下記を参照のこと．〈https://www.pref.saitama.lg.jp/a0609/chiikihoukatukea/jourei.html〉（2024年7月31日最終アクセス）.
8）子供・若者育成支援推進大綱（令和3年4月6日　子ども・若者育成支援推進本部決

定）については下記を参照のこと．〈https://www.cfa.go.jp/policies/youth/〉（2024年7月19日最終アクセス）．

9）厚生労働省「ヤングケアラーの支援に向けた福祉・介護・医療・教育の連携プロジェクトチーム　第2回会議資料」〈https://www.mhlw.go.jp/stf/young-carer-pt-02-shiryou.html〉（2024年7月31日最終アクセス）．

10）同上．

11）富永健一『社会変動の中の福祉国家──家族の失敗と国家の新しい機能──』中央公論新社，2001を参照のこと．

12）同上．

13）厚生労働省「令和元年国民生活基礎調査の概況」〈https://www.mhlw.go.jp/toukei/saikin/hw/k-tyosa/k-tyosa19/index.html〉（2024年7月31日最終アクセス）．

14）厚生労働省「平成28年国民生活基礎調査の概況」〈https://www.mhlw.go.jp/toukei/saikin/hw/k-tyosa/k-tyosa16/index.html〉（2024年7月31日最終アクセス）．

15）島根県「島根県子どもの生活に関する実態調査結果」〈https://www.pref.shimane.lg.jp/education/child/kodomo/kodomonohinkon/jittaityousakekka.html〉（2024年7月31日最終アクセス）．

参考文献

青木由美恵「ケアを担う子ども（ヤングケアラー）・若者ケアラー──認知症の人々の傍らにも──」『認知症ケア研究誌』2（0），78-84，2018.

河本秀樹「日本のヤングケアラー研究の動向と到達点」『敬心・研究ジャーナル』4（1），45-53，2020.

亀山裕樹「ヤングケアラーをめぐる議論の構造──貧困の視点を中心に──」『北海道社会福祉研究』（41），35-47，2021.

厚生労働省「厚生労働省・文部科学省におけるヤングケアラー支援に係る取組について」2021〈https://www.mhlw.go.jp/content/11900000/000753053.pdf〉（2024年7月31日最終アクセス）．

澁谷智子「ヤングケアラーの実態と支援の方向性」『都市問題』112（1），24-28，2021.

澁谷智子「ヤングケアラーの調査と支援」『ガバナンス』（235），32-34，2020.

富永健一『社会変動の中の福祉国家──家族の失敗と国家の新しい機能──』中央公論新社，2001.

堀越栄子，菊澤佐江子，井手大喜，佐塚玲子，平山亮，大沢真知子「シンポジウム「家族の変化と新しい時代のケアを考える」」『現代女性とキャリア』（9），5-49，2017.

宮川雅充，濱島淑恵「ヤングケアラーとしての自己認識──大阪府立高校の生徒を対象とした質問紙調査──」『総合政策研究』59，1-14，2019.

宮﨑成悟「ヤングケアラーを社会全体で支えるために」『月刊自治研』62（728），37-43，2020.

三菱UFJリサーチ&コンサルティング『ヤングケアラーの実態に関する調査研究』2019.

渡邊多永子，田宮菜奈子，高橋秀人「全国データによるわが国のヤングケアラーの実態把握──国民生活基礎調査を用いて」『厚生の指標』66（13），31-35，2019.

第3章

ヤングケアラーの孤独・孤立を
未然に防ぐために

はじめに

　超高齢・人口減少社会の到来という大きな社会変化が日本の介護保障システムにもたらす影響は，実に広範で，かつ深い．介護に対するニーズの高まりについては，2000年4月，"家族を超えた支え合い"の仕組みとして介護保険制度が始まり，超高齢社会に不可欠な仕組みとして定着したが，その成果について議論が多く見られる．介護の社会化は進んだのか，家族の介護負担の軽減を目標としていたが，その目標は達せられたのか，という議論が最近多く見られる．

　例えば，介護を理由に仕事をやめる「介護離職」はいまだ10万人にのぼる[1]．また，10代，20代で介護をしている若年世代の介護者や，介護する側もされる側も65歳以上という「老老介護」の世帯，遠方に住む老親を介護する「遠距離介護」の問題が噴出するなど，介護と家族を巡る状況は厳しさを増している．高齢者人口がピークになる2040年に向けて，さらに要介護者が増える一方，家族の機能の弱体化が進めば，家族介護の問題はいっそう厳しさを増すことは必至である．

　また，近年では社会保障費の増大を背景として，在宅介護が推進されてきた．一方で，在宅介護を支える仕組みがニーズに追いついていない実態もある．地域包括ケアの深化や地域共生社会の実現への要請も進むなか，家族への支え合いの期待も高まる．こうした状況にあって，家庭内のケアニーズは増える傾向にあり，家族の介護負担の重さに拍車をかけている．このままでは，制度的な支援がないまま，それぞれの事情をかかえた特定の家族メンバーが介護を担い続けることになる．

　こうしたなか，「ヤングケアラー」という概念が社会で注目されるようになって，これまで見えてこなかった"子どもの介護者"の存在が浮かび上がっている．こどもを「介護力」に含めないことが重要であるが，こどもが「潜在的な介護力」に組み込まれて，誰にも相談できずに孤独を感じたり，社会的に孤立する状況が生まれている．特にコロナ禍で，「助けて」と声を上げられず孤立，孤独化したヤングケアラーが多かったのではないだろうか．

　"ヤングケアラーが孤独・孤立化することのないよう，ヤングケアラーが生まれる要因やメカニズムを解明し，予防的対策を検討することが重要である．

この目的を達成するために，全国的なアンケート調査の結果を整理し，ヤング
ケアラーのおかれている多様な状況についてまとめる．次に，島根県が実施し
た「島根県子どもの生活実態調査」のデータを用いて，ヤングケアラー世帯の
親の働き方の状況について分析する．これらを踏まえて，親の働き方とヤング
ケアラーが生まれる関連要因を考察し，ヤングケアラーと家族の孤独・孤立を
未然に防ぐための支援策について考察する．

1 ヤングケアラーの多様な状況

　令和2年度に「ヤングケアラーの実態に関する調査研究」が行われ，こども
本人（中学生・高校生）を対象としたヤングケアラーの全国調査が初めて行わ
れた[2]．この調査は，要保護児童対策地域協議会，こども本人，学校を対象とし
た初めての全国規模の調査研究として令和3年に結果が公表された．さらに，
これまで全国規模では実態把握が行われていない小学生や大学生を対象とした
全国調査を行い，昨年度の中高生調査と比較可能な形で，それらの年代の家族
ケアの状況，ヤングケアラーの実態が，令和4年4月に公表された結果より明
らかになった[3]．
　各学校種によって状況が異なること，調査時期が2年に分かれていることか
ら，学校種間で調査結果の数値を単純に比較することには留意が必要であるが，
ヤングケアラーがおかれている状況について，小中高大生をまとめて調査結果
を整理する．

(1) 調査対象，実施時期，調査方法，回収状況
　全国の要保護児童対策地域協議会に対し郵送でアンケート調査票を配布し，
郵送にて調査票を回収した．回収期間は令和3年1月25日～令和3年2月26日
である．回答状況は，発送数1741件，有効回答数923件，回収率53.0％であっ
た．
　中学校は，全国の公立中学校の約1割にあたる1000校を層化無作為抽出によ
り抽出した．全日制高校は，全国の公立高等学校の約1割にあたる350校を層
化無作為抽出により抽出した．定時制高校は，公立の定時制高校を各都道府県
により1校ずつ無作為抽出（計47校）した．通信制高校は，公立の通信制高校
を各都道府県により1校ずつ無作為抽出（計47校）した．

調査実施時期は令和2年12月～令和3年2月，調査方法は郵送配布，郵送回収であり，回収状況は，中学校は配布数1000件，回収数754件，回収率75.4%，全日制高校は配布数350件，回収数249件，回収率71.1%，定時制高校は配布数47件，回収数27件，回収率57.4%，通信制高校は配布数47件，回収数35件，回収率74.5%であった．

小学生は，全国の小学校から350校を層化無作為抽出により抽出した．対象校に在籍する小学6年生（約2万4500人）を対象とした．回答方法は，対象校宛に調査票を郵送し校内で児童に配布し，児童は原則自宅に持ち帰り回答のうえ郵送にて返送した．事情により校内で回答した学校が一部ある．実施時期は令和4年1月，有効回収数は9759件であった．

大学生は，全国の大学の約半数にあたる396校を層化無作為抽出により抽出した．対象校に在籍する大学3年生を対象とした（約30万人）．回答方法は，対象の大学を通じて，学生本人向けに，調査回答フォームのQRコード，URLを記載した調査概要をメール等にて送付し，Web上で回答，回収を実施した．実施時期は，令和3年12月16（木）～令和4年1月14日（金），有効回収数は9679件であった．

(2) ケアをしているこどもの状況

小中高大生に対し，世話をしている家族の有無について質問したところ，世話をしている家族が「いる」と回答したのは小学生6年生6.5%，中学2年生で5.7%，全日制高校2年生で4.1%，定時制高校2年生相当で8.5%，通信制高校生で11.0%，大学3年生で6.2%であった．小学生と中学生ではクラスに2人くらいヤングケアラーがいることがわかる．高校生では，全日制高校と比べ定時制高校では約2倍，通信制高校では3倍近い高校生がヤングケアラーである．このことは，高校への進路選択の際に，学習上の問題やケアと学業の両立を考慮して進路選択が行われている可能性を示唆している．

(3) ケアを必要としている人の状況

ケアを必要としている人の状況をみると，「幼い」が最も多く，次いで「精神疾患」，「知的障がい」，「高齢（65歳以上）」，「身体障がい」，「要介護」，「その他」，「依存症」，「認知症」と続く．「その他」の中には，「外国籍で日本語が不自由」，「きょうだいが多い」，「養育能力が低い」，「ネグレクト」，「多忙」，「経

済的困窮」が挙げられる.

　ケアを行っている対象家族は,「高齢家族 (祖父母) のケア」,「父母のケア」,「きょうだいのケア」に分類でき,分類ごとにケアを必要としている人の状況をみると,「高齢家族 (祖父母)」は,「高齢 (65歳以上)」,「要介護」,「認知症」の順で多い.「父母」は,「精神疾患」が最も多く,次いで「日本語を第一言語としない」も多い.「きょうだい」は,「幼い」,「知的障がい」が多い.

(4)　ケア対象者へのケア内容

　ケアを行っている対象家族によってケア内容に特徴がある.「きょうだいの世話や保育所等への送迎」が最も多く,次いで「家事 (食事の準備や掃除, 洗濯)」,「見守り」,「感情面のケア」,「家族の身体介護」,「通院の付き添い」,「家族の身体介護のうち, トイレや入浴の介助」,「通訳」,「金銭管理」,「その他」と続く.

(5)　時間 (平日1日当たり)

　小中高大生ともに,「ほぼ毎日」ケアが多く,通信制高校生では,65.3%が「ほぼ毎日」ケアをしている.平日1日あたりのケア時間は,いずれの学校種でも7時間以上世話に費やしている人が5〜25%程度いる.通信制高校生では,7時間以上ケアしている人は24.5%いる.ケアを担っている多くのこどもが,多くの時間をケアに費やしており,自分の時間が取れない状況であることがうかがえる.

(6)　世話をしているために, やりたいけどできていないこと

　いずれの学校種でも,「特にない」が最も高くなっているが,これを除くと「自分の時間が取れない」が最も高くなっている.とくに,通信制高校生では40.8%でそのように回答している.また,通信制高校生では,「友達と遊ぶことができない」30.6%,「宿題をする時間や勉強する時間が取れない」28.6%,「学校に行きたくても行けない」14.3%の回答となっており,ケアに多くの時間を費やすことで,自分の時間が取れず,学業や交友等に影響が生じていることがわかる.

(7) 相談経験

いずれの学校種でも，相談した経験が「ある」が2～3割，「ない」が5～7割となっている．学校種が低くなるにつれて徐々に経験ありが少なくなる傾向にある．相談した経験が「ある」と回答した小中高大生に，相談相手について質問すると，「家族（父，母，祖父，祖母，きょうだい）」が最も高く，次いで「友人」が高い．家族や友人などの身近な人への相談が多く，関係機関などへの相談は少ない．世話について相談した経験が「ない」と回答した小中高大生に，その理由について質問すると，「誰かに相談するほどの悩みではない」が最も高く，次いで，「相談しても状況が変わるとは思わない」が高い傾向にある．

家庭内のデリケートな問題であること，本人や家族に自覚がないといった理由から，相談した経験が少ないと考えられるが，すでにこども時代に「誰かに相談しても状況が変わるとは思わない」と回答しており，誰かに助けられた経験を持たないこどもが多いことがうかがえる．

(8) ヤングケアラーとしての自覚

中高大生に対し，自分がヤングケアラーにあてはまると思うかについて質問したところ，中学2年生，全日制高校2年生では「あてはまる」が約2％，定時制高校2年生相当は4.6％，通信制高校生7.2％，大学3年生が約2.9％である．いずれの学校種でも「わからない」が5～30％程度いる．本人にヤングケアラーとしての自覚がない場合が多いことがわかる．

(9) 学校や大人に助けてほしいこと，必要な支援

中学2年生，全日制高校2年生，定時制高校2年生相当，通信制高校ともに「特にない」が約4割となっているが，次いで，中学2年生と全日制高校2年生は「学校の勉強や受験勉強など学習のサポート」，大学3年生は「進路や就職など将来の相談にのってほしい」，その他は「自由に使える時間がほしい」が最も高くなっている．ヤングケアラーは，学校の勉強や学習面で困っていることがうかがえる．

以上の調査結果から，ヤングケアラーは，本人にヤングケアラーという自覚がないまま，年齢や成長の度合いに見合わない重い責任や負担を負うことで，自分の時間が取れない生活を送り，だれにも相談できずに，学習面や進路などでの困りごとを抱えながら，ケアを担っている状況が明らかになった．

2 支援の政策方針

実態調査でヤングケアラーの状況が明らかになるにつれて，このような状況を改善するには，国や自治体単位での支援が必要との意見が出るようになり，ヤングケアラーの支援に乗り出す自治体が出てきている．埼玉県では2020年3月，全国ではじめてとなるヤングケアラーを支援するための条例「ケアラー支援条例」が成立した[4]．これは，社会全体で支えることでケアラーの孤立を防ぐ仕組みづくりを目指すもので，ヤングケアラーの教育機会の確保も含まれている．また，この条例を踏まえ，埼玉県では県内の高校2年生5万5000人を対象に実態調査を開始した[5]．調査結果は支援推進計画に反映される予定である．埼玉県で施行された条例のように，ヤングケアラーの実態に即して広く支援の手を差し伸べられる制度や仕組みづくりが国や自治体レベルで求められている．

おりしも，新型コロナウイルス禍で若者の貧困や自殺が増えたのを受け，政府は2025年度までの「子供・若者育成支援推進大綱」を決めて，孤独・孤立対策の強化を明記した[6]．新たな大綱は新型コロナ禍で「子供・若者の孤立の問題が一層顕在化している」と指摘するとともに，孤独・孤立対策を中心に5つの柱を設けた．そこに，病気や障害のある家族の介護を担う18歳未満のヤングケアラーの実態を調査し，支援することも明記された．

ヤングケアラーはこどもの負担が大きいことが課題となっており，政府が閣議決定した経済財政運営の指針「骨太の方針」には，家族の介護や世話を担うこども「ヤングケアラー」への支援が初めて明記された．孤立しがちなヤングケアラーを早期に発見して支援につなぐ取り組みが予算化される方向になり，国レベルの支援が本格化する．

家族の介護や世話に追われるこども「ヤングケアラー」の支援を巡り，厚生労働省と文部科学省は来年度の予算概算要求に支援の事業費を盛り込んだ[7]．厚労省は概算要求で，ヤングケアラー支援のための新規事業を複数，盛り込んだ．自治体の先進的な取り組みを財政面から後押しする「ヤングケアラー支援体制強化事業」の創設[8]，各地にある当事者団体や支援団体の連携を深める「ヤングケアラー相互ネットワーク形成推進事業」の創設，ヤングケアラーがいる家庭や育児に不安を抱える家庭に家事支援などを行う「子育て世帯訪問支援モデル事業」の創設などがある．

第3章 ヤングケアラーの孤独・孤立を未然に防ぐために　　*47*

「ヤングケアラー支援体制強化事業」では，自治体が行う実態調査や，福祉，医療，教育など各分野のソーシャルワーカー向けの研修などの事業費を国が補助する．自治体が福祉事務所などに「ヤングケアラー・コーディネーター」を配置して民間の支援団体などとの連携体制を整えた場合や，当事者が支え合う「ピアサポート」などの活動に取り組んだ場合などにも事業費を補助することを想定している．

　文科省は，スクールカウンセラーやスクールソーシャルワーカーによる相談体制を充実させる事業などにヤングケアラー支援も含めた．学校現場で過度なケアを負担しているこどもの早期発見を図る．政府は来年度からの3年間をヤングケアラーの認知度向上の「集中取組期間」と位置づけており，ヤングケアラーの早期発見や支援体制を早急に整えたい考えだ．政府は，施策について，スピード感を持って取り組む意向を示している．

　さらに，こども・若者ケアラーの切れ目ない支援を行うために，こども家庭庁は2024年4月以降，ヤングケアラーに関する自治体の相談窓口に，進学や就職の専門支援員を配置する新事業を始める．これまでも自治体が窓口を設置するのを推進し，関連費用を補助しているが，進路支援の専門員を配置した場合に人件費などを上乗せする．

　こどもがケアを担う背景には，家族の世帯規模の縮小，共働き世帯の増加，地域のつながりの希薄化，貧困といったさまざまな要因がある．ケアを必要とする人が増える一方で，家族機能の弱体化や労働市場での女性の活躍がより一層広がり，大人が家庭にかけられる時間やエネルギーが減っている．公的サービスは整いつつあるが，それが届いていない家庭があったり，届いていても課題解決に至らない場合もある．また，昔のままの家族の役割やケアを当たり前とする背景もあり，こどもがケアの担い手に組み込まれる状況が生まれている．

　家庭内の問題は複雑であり，ヤングケアラー支援のためには，関係機関・団体が連携し，ヤングケアラーの早期発見や切れ目のない支援につなげる取組が強く求められている．そこで，関係機関に調査を実施し，効果的な連携の在り方を検討しながら，連携して行う支援の内容を「多機関・多職種連携によるヤングケアラー支援マニュアル～ケアを担う子どもを地域で支えるために～」にまとめて，政府は広く活用してもらうよう呼び掛けている．マニュアルでは，福祉，教育，医療，地域，行政などの分野が連携して行う支援のポイントや，課題の共有・支援計画の検討，支援の基盤づくり等についてもまとめられている．

3 「時間の貧困」がこどもに与える影響

(1) 調査項目・調査対象

こどもがケアを担う背景には，親や家庭の大人の余裕がなくなっていることが要因の1つに挙げられる．そこで，「大人が家庭にかけられる時間」について，「島根県子どもの生活に関する実態調査」を用いて，親とこどもの意識をみてみよう．

実態調査の時期は令和元年9月である．調査目的は，こどもの貧困対策における効果的な支援のあり方を検討するための基礎資料を得るため，県全体のこどもの生活実態や学習環境について調査を行った．調査対象は，島根県内の学校に進学している小学5年生，中学2年生，高校2年生とその保護者である．回答数は総数が2万5354人，回答率70.1％で，小学5年生4598人，中学2年生4098人，高校2年生3976人が回答した．

調査項目の中で，自由記述項目の，こどもの質問について「あなたが毎日の生活の中で，こうなったらいいなと思っていることがあれば，書いてください.」を分析した．また，保護者の質問についても「あなたが，今，困っていることや悩んでいることがありましたら，ご自由にお書きください.」を分析した．

自由記述回答数は，こどもの質問，「あなたが毎日の生活の中で，こうなったらいいなと思っていることがあれば，書いてください.」は，小学生1938人中学生1689人，高校生1124人が回答した．保護者の質問，「あなたが，今，困っていることや悩んでいることがありましたら，ご自由にお書きください.」は，小学生1306人 中学生1164人，高校生1033人の保護者が回答した．

分析方法は，共起ネットワーク分析を用いて，「自由記述」で書かれていることを可視化した．共起ネットワークとは，出現パターンの似通った語，共起の程度が強い語を線で結んだネットワークとして描き，語と語が互いにどのように結びついているかを読み取れるものである．共起ネットワーク分析を行うと，自由記述回答において頻出する語句と何が関連付けられているか知ることができるといえる．強い共起関係ほど太い線で表示される．

(2)「(保護者) あなたが，今，困っていることや悩んでいることがありましたら，ご自由にお書きください」の回答の可視化

共起ネットワーク分析の結果，小学生保護者では，「忙しくて子供と過ごす時間がとりにくい」悩みが大きいことが明らかになった．中学生保護者では，小学生の保護者と同様に，「忙しくて子供と過ごす時間がとりにくい」悩みが大きいだけでなく，経済面の心配も大きくなる傾向にある．高校生保護者では，進学の費用に悩んでいる保護者が多く，経済面での負担の大きさに困っている状況がうかがえる．低学年の保護者ほど，「時間がない」という意味での貧困である「時間の貧困」が最大の悩み事となっており，高学年では経済面での負担が大きくなる傾向にあることが明らかになった．図3-1～3-3に，共起ネットワーク分析の結果を示す．

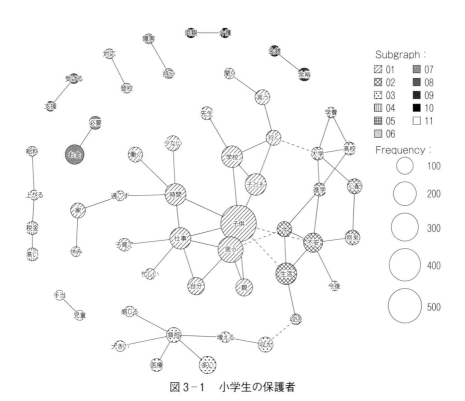

図3-1　小学生の保護者

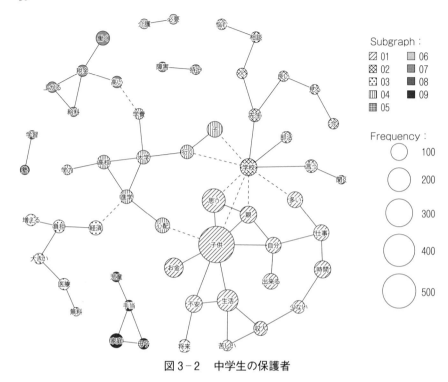

図3-2　中学生の保護者

(3) こどもたちが書いてくれた「毎日の生活のなかで，こうなったらいいな」の回答の可視化

共起ネットワークの分析の結果，小学生は，「家族そろって食事をしたい」，「友だちと一緒に遊んだり，無料で勉強できる場所があればよい」という願いが強い．中学生も，小学生と同様に，「両親など家族そろって食事をしたい」，「友だちと一緒に遊んだり，無料で勉強できる場所があればよい」という願いがみられる．中学生は小学生よりも，「無料で勉強できる場所があればよい」という願いが強くなる傾向にある．高校生は，「通学の利便性を良くしてほしい」という願いが強い．通学の交通の便が不便で，バスや列車の便数が少ないなど，県内の公共交通事情の課題を指摘する回答である．また，「静かに勉強できる場所がほしい」という願いも強い．これに関連して，公共施設である「図書館があればよい」という願いもみられる．低学年の子供ほど，親と一緒に食事をしたり，宿題をみてもらったりするなど，「親と一緒に過ごす時間が欲し

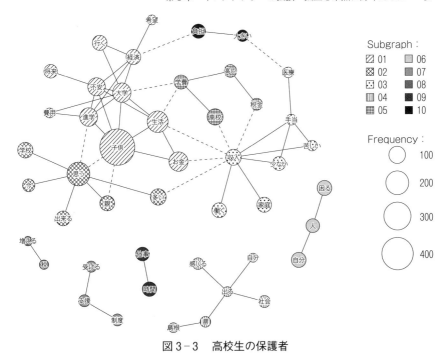

図3-3　高校生の保護者

い」という願いが強い．図3-4～3-6に共起ネットワーク分析の結果を示す．

この共起ネットワーク分析の結果から，共働き世帯やひとり親世帯が増える中，親子が一緒に過ごす時間が取りにくくなっているなど，働く親の多忙さや余裕がなくなっている状況がうかがえる．こうした状況の中で，家族のなかに自立できないメンバーがいても，ケアが必要な家族に必要とされる社会的支援が届かなければ，こどもがケアの担い手となっている現状がある．くわえて，親の働き方によって，こどものケア負担がいっそう重くなっていることも考えられる．そこで，次に，親の働き方とヤングケアラーの発生との関連を見てみよう．

4　親の働き方とヤングケアラー発生との関連

(1) データおよび分析対象

用いるデータは，先に示した島根県健康福祉部地域福祉課が令和元年9月に

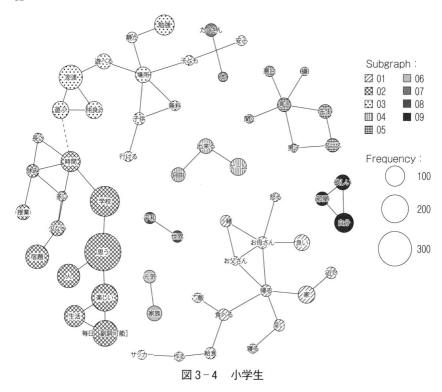

図3-4 小学生

実施した「島根県子供の生活に関する実態調査」[13]における個票データを匿名化したものである．

(2) ヤングケアラーの抽出

本調査では，質問項目の「家族の介護・看護（着替えなどの介助，お薬の管理など）」を「ほとんど毎日」，「週に2〜3回」していると回答した者をヤングケアラーとして抽出し，調査対象とした．

(3) 分析結果

ヤングケアラーの家庭の親の働き方をみると，母親の勤務は，「平日の日中以外の勤務はない」は小学生29.5％，中学生42.7％，高校生32.6％となっており，土日祝日や日中以外の早朝勤務，夜勤・深夜の働く「非典型就労」をして

第3章　ヤングケアラーの孤独・孤立を未然に防ぐために　53

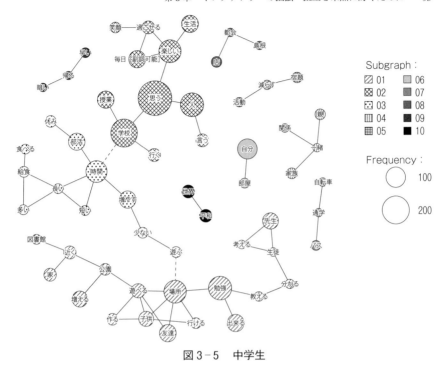

図3-5　中学生

いる母親が多い．特に，土日祝日に働く親が多い (表3-1)．父親の勤務は，「平日の日中以外の勤務はない」は小学生20.1%，中学生21.6%，高校生17.5%となっており，母親以上に「非典型就労」をする者が多い．また，父親の場合，深夜勤務も多い (表3-2)．

　ヤングケアラーの家庭では，夜間や土・日曜日に働く親が多い傾向にあり，介護サービスなど公的サービスを使いづらい夜間や土・日曜日に，こどもがケアの担い手となっているのではないかと推察される．親が土・日や早朝・夜間に働く必要があり，介護を行えないと，その代わりにこどもが同居している祖父母の介護をしたり，幼いきょうだいの世話をしなければいけない状況が生まれていることがうかがえる．以上の結果から，ヤングケアラーの家庭の親の働き方は「非典型就労」多い傾向にあり，親の働き方がヤングケアラーの発生と大きく関連している可能性が示唆される．

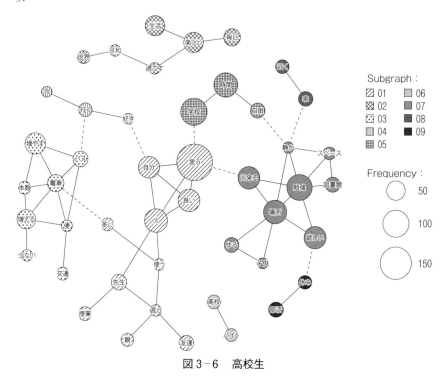

図3-6　高校生

おわりに

　ヤングケアラーがおかれている状況は多様である．こどもがケアを担う状況を引き起こす可能性があるきっかけとして見られる家族の状況は，「高齢家族（祖父母）のケア」，「父母のケア」，「きょうだいのケア」の3つに類型化され，それぞれのケアを必要としている人の状況は，「高齢家族（祖父母）」は「高齢（65歳以上）」，「要介護」，「認知症」の順に多い．「父母」の状況は「精神疾患」が最も多く，次いで「日本語を第一言語としない」も多い．「きょうだい」の状況は，「幼い」，「知的障がい」が多い．

　これらの家族は，大人が親としての役割を果たすべき内容について，その役割を果たすことができない場合に，こどもが親の役割を代替，補完することになる．例えば，父母がケアの対象となっている場合には，ケアを必要とする父

表3-1　母親の平日日中以外の勤務について（複数回答）

	早朝 （5時～ 8時）	夜勤 （20時 ～22時）	深夜勤務 （22時 ～5時）	土曜 出勤	日曜・ 祝日 出勤	その他	平日の 日中以外の 勤務はない	無回答	回答者数
小学生	13 8.3%	20 12.8%	17 10.9%	84 53.8%	55 35.3%	11 7.1%	46 29.5%	12 7.7%	156 —
中学生	12 12.5%	10 10.4%	6 6.3%	42 43.8%	26 27.1%	6 6.3%	41 42.7%	8 8.3%	96 —
高校生	9 9.8%	7 7.6%	5 5.4%	50 54.3%	32 34.8%	5 5.4%	30 32.6%	8 8.7%	92 —

表3-2　父親の平日日中以外の勤務について（複数回答）

	早朝 （5時～ 8時）	夜勤 （20時 ～22時）	深夜勤務 （22時 ～5時）	土曜出 勤	日曜・ 祝日 出勤	その他	平日の 日中以外の 勤務はない	無回答	回答者数
小学生	25 16.2%	30 19.5%	20 13.0%	89 57.8%	68 44.2%	10 6.5%	31 20.1%	22 14.3%	154 —
中学生	26 25.5%	21 20.6%	18 17.6%	58 56.9%	45 44.1%	11 10.8%	22 21.6%	8 7.8%	102 —
高校生	17 21.3%	18 22.5%	15 18.8%	50 62.5%	37 46.3%	6 7.5%	14 17.5%	8 10.0%	80 —

　母への直接的なケアだけでなく，本来大人が家庭内で担うべき家事や育児など
の親役割も，こどもが担うことになる．このことが，こどものケア負担をいっ
そう複雑かつ重くしていると考えられる．
　高齢家族やきょうだいがケアの対象となっている場合にも，主たる介護者で
はなくても，親の仕事の勤務時間の都合などで，親が十分に高齢の祖父母のケ
アや幼いこどもの養育を果たすことができない場合に，家族の一員であるこど
もが親の代わりにケアを担うことが起きている．この場合，親の働き方が多忙
で時間の余裕がなければ，主たる介護者と同じくらいのケア負担がこどもにか
かってくる．特に，夜間のケアによって睡眠が十分にとれなくなると，朝起き
ることができず遅刻をしたり，宿題ができないなど，学習面や学校生活への影
響も生じる．
　政府が示した「多機関・多職種連携によるヤングケアラー支援マニュアル」
では，ヤングケアラー支援における主な関係機関として，児童福祉分野，教育

分野，高齢者福祉分野，障害者福祉分野，医療分野，その他の保健・福祉分野，地域関係者など，医療，福祉，教育分野の連携先が提示されている．しかし，親の働き方に関係する企業や経営団体，労働者団体などの労働分野は連携先には挙げられていない．ヤングケアラー支援には，教育，福祉，医療分野だけの連携ではなく，親の働き方に関連する雇用政策や労働政策分野も関連していることが本調査分析から指摘することができる．これらの分野，関係機関との連携も重要である．

　今後ケアニーズは増える傾向にあり，共働き世帯の増加，ひとり親世帯の増加，大人のゆとりのなさといった要因があり，大人がケアにかけられる時間が減る傾向にあるなか，多くのヤングケアラーが生まれている．ヤングケアラー支援を考えるうえで，「時間の貧困」は重要な視点と言えよう．また，ヤングケアラーは，年齢や成長の度合いに見合わない重い責任や負担を負うことで，本人の育ちや教育に影響があるといった課題がある．しかしながら，家庭内のデリケートな問題であること，本人や家族に自覚がないといった理由から，支援が必要であっても表面化しにくい構造となっている．そのようなヤングケアラーが孤独・孤立に陥る状況を防ぎ，継続した相談・支援体制を構築するためには，「関係性の貧困」という視点をもつことも重要である．

　地域コミュニティが衰退し，地域のつながりが弱まるなかで，ヤングケアラーと家族は，地域の中でいっそう孤独・孤立化しやすくなっている．本人や家族に自覚がないといったことも多いため，孤独・孤立化しやすいヤングケアラーと家族を支援するためには，課題解決を目指す「解決型支援」だけでは対応が難しい．ヤングケアラーと家族がいったん支援を拒否しても，“つながっている，見守っているというメッセージを送り続けること”で，自分たちの困難や課題を認識し，周囲との関係を築いていくことも期待できる．その中で新たな展開が始まることもある．その時々の当事者の目線や立場に立って，「つながり続けること」への支援が行政サイドにも求められる．ヤングケアラー支援は，「課題解決型支援」と「つながり続ける支援」の両輪で推進していく必要がある．

　ヤングケアラーと家族が孤独・孤立化する背景には，「経済的困窮」のみならず，「時間の貧困」や「関係性の貧困」も大きく関係している．家族に頼ってきたケアを社会化することは，社会や地域のあり方を見直して，ヤングケアラーと家族の孤独・孤立化を未然に防ぐきっかけになると言えよう．

付記

　本章は，宮本恭子「ヤングケアラーの孤独・孤立化を未然に防ぐために」『経済科学論集』49，1-20，2023を編集したものである．

注

1）総務省「平成29年就業構造基本調査」．
2）三菱UFJリサーチ＆コンサルティング『ヤングケアラーの実態に関する調査研究報告書案』2021．〈https://www.mhlw.go.jp/content/11907000/000767897.pdf〉（2024年7月19日最終アクセス）．
3）株式会社日本総合研究所『令和3年度子ども・子育て支援推進調査研究事業　ヤングケアラーの実態に関する調査研究報告書』2022〈https://www.jri.co.jp/MediaLibrary/file/column/opinion/detail/2021_13332.pdf〉（2024年7月31日最終アクセス）．
4）埼玉県ケアラー支援条例については下記を参照のこと．〈https://www.pref.saitama.lg.jp/a0609/chiikihoukatukea/jourei.html〉（2024年7月31日最終アクセス）．
5）埼玉県「埼玉県ケアラー支援計画のためのケアラー実態調査結果」〈https://www.pref.saitama.lg.jp/documents/187028/0101tyousa.pdf〉（2024年7月31日最終アクセス）．
6）子供・若者育成支援推進大綱（令和3年4月6日　子ども・若者育成支援推進本部決定）については下記を参照のこと．〈https://www.cfa.go.jp/policies/youth/〉（2024年7月19日最終アクセス）．
7）同上．
8）ヤングケアラー支援強化事業については下記を参照のこと．〈https://www.cfa.go.jp/assets/contents/node/basic_page/field_ref_resources/e0eb9d18-d7da-43cc-a4e3-51d34ec335c1/628c375f/20240612_policies_young-carer_11.pdf〉（2024年7月19日最終アクセス）．
9）同上．
10）文部科学省初等中等教育局児童生徒課「児童生徒の心のケアや環境の改善に向けたスクールカウンセラー及びスクールソーシャルワーカーによる支援の促進等について」〈https://www.mext.go.jp/a_menu/shotou/seitoshidou/20210119-mxt_kouhou02-1.pdf〉（2024年7月31日最終アクセス）．
11）有限責任監査法人トーマツ「令和3年度　子ども・子育て支援推進調査研究事業「多機関連携によるヤングケアラーへの支援の在り方に関する調査研究」多機関・多職種連携によるヤングケアラー支援マニュアル～ケアを担う子どもを地域で支えるために～」2022〈https://www2.deloitte.com/jp/ja/pages/life-sciences-and-healthcare/articles/hc/hc-young-carer.html〉（2024年7月31日最終アクセス）．
12）島根県「島根県子どもの生活に関する実態調査結果」〈https://www.pref.shimane.lg.jp/education/child/kodomo/kodomonohinkon/jittaityousakekka.html〉（2024年7月31日最終アクセス）．
13）同上．
14）有限責任監査法人トーマツ，前掲．

参考文献

青木由美恵「ケアを担う子ども（ヤングケアラー）・若者ケアラー——認知症の人々の傍らにも——」『認知症ケア研究誌』2（0），78-84，2018.

亀山裕樹「ヤングケアラーをめぐる議論の構造——貧困の視点を中心に——」『北海道社会福祉研究』(41)，35-47，2021.

厚生労働省「厚生労働省・文部科学省におけるヤングケアラー支援に係る取組について」2021〈https://www.mhlw.go.jp/content/11900000/000753053.pdf〉（2024年7月31日最終アクセス）.

澁谷智子「ヤングケアラーの実態と支援の方向性」『都市問題』112（1），24-28，2021.

澁谷智子「ヤングケアラーの調査と支援」『ガバナンス』(235)，32-34，2020.

堀越栄子，菊澤佐江子，井手大喜，佐塚玲子，平山亮，大沢真知子「シンポジウム「家族の変化と新しい時代のケアを考える」」『現代女性とキャリア』（9），5-49，2017.

宮川雅充，濱島淑恵「ヤングケアラーとしての自己認識——大阪府立高校の生徒を対象とした質問紙調査——」『総合政策研究』59号，1-14，2019.

宮﨑成悟「ヤングケアラーを社会全体で支えるために」『月刊自治研』62（728），37-43，2020.

三菱 UFJ リサーチ＆コンサルティング「ヤングケアラーの実態に関する調査研究」2019.

有限責任監査法人トーマツ「令和3年度　子ども・子育て支援推進調査研究事業「多機関連携によるヤングケアラーへの支援の在り方に関する調査研究」多機関・多職種連携によるヤングケアラー支援マニュアル〜ケアを担う子どもを地域で支えるために〜」，2022.

渡邊多永子，田宮菜奈子，高橋秀人「全国データによるわが国のヤングケアラーの実態把握——国民生活基礎調査を用いて」『厚生の指標』66（13），31-35，2019.

第4章

「ひとり親家庭のヤングケアラー」と
「ことばのケアを担うヤングケアラー」の
実態と支援策

はじめに

　大人に代わって日常的に家事や家族の世話をするヤングケアラーの支援について，こども家庭庁は，子ども・若者育成支援推進法を改正し，初めて法制化[1]することを決めた．国や自治体の支援対象と位置付けることで，対応の地域格差解消などにつなげる．

　ヤングケアラー支援は，法律による明確な根拠規定がなく，支援団体などが法整備を要望していた．同法改正案では，ヤングケアラーを「家族の介護その他の日常生活上の世話を過度に行っていると認められる子ども・若者」と定義し，支援対象に加える．

　家事や家族の世話はこどもの期間だけでなく大人になっても続くことなどから，適切だとの判断である．年齢で支援が途絶えるケースを防ぐとともに，実態把握や関係機関の連携を強化する．ヤングケアラーについては，2021（令和3）年5月に取りまとめられた「ヤングケアラーの支援に向けた福祉・介護・医療・教育の連携プロジェクトチーム報告」[2]において，早期に発見し適切な支援につなげることが明記された．これを受け，国は地方自治体による実態調査やヤングケアラー・コーディネーター配置等の体制準備を後押ししており，令和5年度からは，外国語対応が必要な家庭に対する通訳派遣も支援するなどしている．

　ただし，これまで行われてきた取組がヤングケアラーにもたらした影響を把握・整理することで，効果的な取組に重点的に予算を配分するなどして，ヤングケアラーへの支援を更に充実・強化させることを目的に実施された国の調査[3]では，「外国語対応通訳支援」を実施している自治体は，1788自治体のうち24自治体で全体のわずか1.3％にとどまる．具体的な取組内容は，「翻訳機の整備」が最も多く，「翻訳者の配置」，「遠隔通訳」，「その他（通訳者の派遣，通訳者の紹介など）」の順となっている．

　親が外国人家庭の場合，母親が日本語を話せないと，こどもがその負担を担うことになる．その場合，その母親が日本語を習得する場所が必要になる．現状では，そのような母親をこどもが支える形となってしまっている．こういった問題への自治体の支援は必要である．家族支援のニーズが非常に高いため，外国語対応通訳支援の重要性は高い．

人手不足の深刻化が叫ばれる中，政府は，製造現場などで外国人が働く「特定技能」で，家族帯同できる業種を大幅に拡大するなど受け入れを進めている．今後，伴われて来日する配偶者やこどもと暮らす外国人労働者の増加に伴い，外国人政策は受け入れ政策だけでなく，帯同家族が安心して暮らせる生活支援策の整備がいっそう求められる．なかでも生活におけるコミュニケーションは必須であり，その際の通訳や翻訳のニーズが高まってきている．外国語対応が必要な家庭に対する支援は今度さらに増えることが予想される．

外国語対応が必要な家庭に対する支援については，政府もこどもが担う多様なケアの１つに位置づけて支援の対象としているが，学術分野での研究や調査は未着手のままである．また同様に支援が必要な世帯である「ひとり親家庭」についても具体的な支援策は今後の課題である．本研究では，帯同家族を伴う外国人労働者が増加している A 市を対象に，就労者の帯同家族であるこどもが担う日本語への対応，すなわち「ことばのケア」や「ひとり親家庭」のヤングケアラーの実態について，A 市が2023年度に実施した「ヤングケアラー実態調査」の二次分析を行い検証する[4]．また，A 市で「ことばのケア」を担っていた経験をもつ２名の元ヤングケアラーにインタビュー調査を行った．これらの量的質的研究を踏まえ，「ことばのケアを担うヤングケアラー」と「ひとり親家庭」のヤングケアラーの実態を明らかにし，支援策について検討する．

1　A市のヤングケアラーの実態

(1)　調査概要

A 市ではヤングケアラーの実態や課題を把握し，今後の支援策の基礎資料とするとともに，児童生徒に対し，ヤングケアラーの正しい知識や相談窓口を知ってもらうことを目的として，アンケート調査を実施した．調査対象者は市内の学校に通う小学 6 年生，中学 2 年生，高校 2 年生約4500人である．調査方法は，児童生徒本人が，児童生徒用のタブレット等で，調査依頼文の QR コードから WEB 上のアンケートフォームにアクセスし，校内等で回答した．アンケートフォームの言語は多言語版を作成した．調査期間は2023年度の 1 カ月とした．有効回答数は，小学 6 年生1267人，中学 2 年生963人，高校 2 年生855人であった．調査票については，国の調査票を参考に設問を作成した．調査結果を以下に示す．

(2) 調査の対象

　本調査では，「大人が一人の世帯」，「大人が一人の世帯のヤングケアラー」，「日本語が苦手な家族がいるヤングケアラー」をそれぞれ母数とし，集計を行った（表4-1）．「大人が一人の世帯」は，小学生で83世帯，そのうち母子世帯が77世帯，父子世帯が6世帯であった．中学生で82世帯，そのうち母子世帯が71世帯，父子世帯が8世帯，祖父母世帯が3世帯であった．高校生で84世帯，そのうち母子世帯が78世帯，父子世帯が5世帯，祖母世帯が1世帯であった．

　「大人が一人の世帯のヤングケアラー」は，小学生で14世帯，そのうち母子世帯が12世帯，父子世帯が2世帯であった．「大人が一人の世帯」に占めるヤングケアラーは約17％という割合であった．中学生は10世帯で，そのうち母子世帯が7世帯，父子世帯が2世帯，祖母世帯が1世帯であった．「大人が一人の世帯」に占める割合は約12％であった．高校生は6世帯で，そのうち母子世帯が5世帯，父子世帯が1世帯であった．「大人が一人の世帯」に占める割合は約7％であった．Ａ市のヤングケアラーは，小学6年生で11.2％，中学生で7.2％，高校生で4.3％となっており，「大人が一人の世帯」ではヤングケアラーになる割合が極めて高くなる傾向にあることがわかる．

　「日本語が苦手な家族がいるヤングケアラー」は，小学生で5人，中学生で1人，高校生で0人であった．

表4-1　調査対象（人）

	調査母数	大人が一人の世帯を母数	大人が一人の世帯のヤングケアラーを母数	日本語が苦手な家族がいるヤングケアラーを母数
小学生	1,267	83（母親77）（父親6）	14（母親12）（父親2）	5
中学生	963	82（母親71）（父親8）（祖父母3）	10（母親7）（父親2）（祖母1）	1
高校生	855	84（母親78）（父親5）（祖母1）	6（母親5）（父親1）	0

出所：Ａ市ヤングケアラー実態調査より集計．

(3) どのくらいの数いるか

A市が行ったヤングケアラーに関する実態調査の結果から，どのくらいの数のこどもたちが「ヤングケアラー」とされるのかについて解説する．「家族の中にあなたがお世話をしている人はいますか．」という質問に対して「はい」と答えた小学生・中学生・高校生は以下の割合でいることがわかった．すべての学年において全国調査と比べ割合が高い．小学生ではクラスに4人，中学生では3人，高校生では2人いることになる．

- 小学6年生の11.2%（約9人に1人）　全国調査の結果6.5%（15人に1人）
- 中学2年生の 7.2%（約14人に1人）　全国調査の結果5.7%（18人に1人）
- 高校2年生の 4.3%（約23人に1人）　全国調査の結果4.1%（24人に1人）

(4) どんな世帯に多いか

世帯別（二世代世帯，三世代世帯，ひとり親家庭，その他の世帯）に「家族の中に世話をしている人がいるか」を分析すると，小学生の「ひとり親家庭」では「いない」6.1%に対して，「いる」は9.9%であり，約1.6倍の割合となっている．中学生の「ひとり親家庭」では「いない」7.8%に対して，「いる」は13.0%であり，約1.7倍である．高校生の「ひとり親家庭」も「いない」9.4%に対して，「いる」は16.2%であり，約1.7倍となっている．「ひとり親家庭」は「二世代世帯」や「三世代世帯」，「その他の世帯」などと比べ，世話をしている家族の割合が高いことがわかった．そこで第2節で，「ひとり親家庭」の「ヤングケアラー」に焦点を当て，その世話の状況と求められる支援について検討する．

(5) ケアしている相手は

「ヤングケアラー」が誰をケアする割合が高いのかについて，説明する．こどもたちがケアを行う相手は多様だということが，調査結果からわかる．では，割合としてはどのような相手にケアを行っているこどもたちが多いのか．A市の実態調査では，小学生はお世話を必要とする家族としては「きょうだい」の割合が41.5%で最も高い．幼いきょうだいを多くのこどもたちがケアしている状況が伺える．中学生は「きょうだい」と「母親」の割合がそれぞれ29.0%で最も高い．高校生は「母親」の割合が24.0%で最も高い．

（6） ケアしている相手はどんな状況か

　実態調査では，世話している人について，それはどのような理由か尋ねている．ケアの相手である「きょうだい」が置かれている状況として，小中学生生の回答の割合が最も高かったのは「幼い」という回答であった．「きょうだい」に次いでケアの相手として多かった「父母」の状況は，「無回答」「わからない」の割合がすべての学年において最も高い．中学生では「無回答」が85.0％，「その他」が10％，高校生では「無回答」が70％，「その他」が10％，「高齢・要介護」が20％である．

　一方，小学生では「わからない」28.6％，「無回答」34.3％を除くと，「日本語が苦手」の割合が14.3％で全国の10.9％と比べ高い．そこで第3節で，世話をしている家族が「日本語が苦手」な状況にあるヤングケアラーに焦点を当て，その世話の状況と求められる支援について検討する．

（7） どんなケアを担うことが多いか

　「ヤングケアラー」がケアする相手にどんなケアを行う割合が高いのかについて，説明する．きょうだいへは「家事」や「見守り」，「きょうだいの世話や保育所への送迎など」の割合が高い傾向にある．「家事」については，小学生が30.3％，中学生が40.0％，高校生は33.3％の割合で，学年を問わず高くなっている．これは小学生においても，「見守り」「世話・送迎」というきょうだい個別のケアだけでなく，家族の「家事（食事や掃除，洗濯など）全般を担っているとも理解しえる．

　次に割合が高い父母へのケアの内容については，「家事」の割合が高い状況である．中学生は60.0％，高校生は50.0％である．高校生では「感情面のサポート（愚痴を聞く，話し相手になるなど）」30.0％，「外出の付き添い（買い物，散歩など」10.0％も高い割合にある．「家事」がほかの事項に比べて突出して多いのは，本来「家事」を担う父母にケアが必要になったため，こどもたちが代わって行っていることが多いからであると考えられる．

　続いて割合の高い祖父母へのケアの内容について割合が高いものは，高校生では「見守り」60.0％と最も高くなっている．次いで「家事（食事の準備や掃除，洗濯）」40.0％となっている．「感情面のサポート（愚痴を聞く，話し相手になるなど）」20.0％の回答もあった．中学生は「家事（食事の準備や掃除，洗濯）」33.3％が最も高くなっている．次いで「外出の付き添い（買い物，散歩など）」22.2％

が高くなっている．中高校生ともに「身体的な介護」の割合は０％である．

(8) 誰とケアを行っているか

　実態調査を通じて，こどもたちが誰とケアを行っているのかについて，説明する．一緒に世話を行う人については，小・中・高校生のいずれも「母親」の割合が３割前後と最も高い割合にある．続いて，「父親」もしくは「きょうだい」の割合が高くなっている．家族のケアを行うこどもたちのうち，誰とも一緒にケアをせず，自分のみでケアを行っているこどもたちも，小・中・高いずれも約１割いる．

　福祉サービスを使用しながらケアを行うこどもたちは，小学生0.7％，中学生％，高校生5.4％と，いずれの学年もほとんどいない．こどもたちが家族や親戚以外の外部の人と一緒にケアを行う割合は極めて低いことがわかる．家族のケアを行うこどもたちのほとんどは，福祉サービスを使用して専門職と一緒にケアを行っているわけではないため，家族・親戚以外の第三者がヤングケアラーに気付くことが難しい状態にある．このように，ヤングケアラーの家族のケアは見えにくく，ヤングケアラーは周りから見えづらい．また約１割のこどもたちは誰の力も借りずに１人でケアを行っていることから，家族にケアが必要な人がいるということすら，周囲は気が付きにくい．

(9) ケアにどのくらい時間をかけているか．どのくらい負担があると感じているか

　「ヤングケアラー」がケアにどのくらいの時間をかけているのかについて，説明する．ケアの頻度についての質問に対しては，「ほぼ毎日」という回答が最も高い．小学生34.5％，中学生17.4％，高校生24.3％である．続いて「週３〜５日」，「週に１〜２日」という回答が多く，こどもたちの多くは日常的にケアを行っていることがわかる．

　平日１日当たりの家族のケアに費やす時間は，どの学年も「１〜３時間未満」が最も多い回答になっている．小学生は27.6％，中学生は15.9％，高校生は32.4％である．なかでも平均７時間以上を家族のケアに費やしているというこどもたちも数％いることがわかる．これらのことから，学校から帰って自分の時間がとれるのはわずかの時間であり，趣味や宿題，学習に集中することは簡単ではないことが推察できる．

第4章 「ひとり親家庭のヤングケアラー」と「ことばのケアを担うヤングケアラー」の実態と支援策　　67

　1日の多くの時間をケアに費やしているこどもたちであるが，「世話をして
いることで，やりたいけど，できていないことはありますか」という質問に対
しては「特にない」という回答が，いずれの学年も最も高い回答になっている.
しかし，多くの時間をケアに費やしているこどもたちが「特にない」と回答す
るのは，さまざまな理由があるからではないだろうか.「やりたいけど，でき
ないことがある」と回答すること自体が，こどもたちにとってつらい体験であ
ることもある.「つらいと自覚したら，よけいに自分がつらくなる」とあえて
自覚したりしたくないこどもたちもいるのではないだろうか.

（10）　どんな影響があるか

　「ヤングケアラー」であることによるこどもたちの影響について考える.「や
りたけど，できていないことはありますか.」という質問に対して「特にない」
という回答が多くあった.「特にない」以外の回答にはこどもたちの影響が現
れている. いずれの学年も多くのこどもたちは「自分の時間が取れない」「宿
題をする時間や勉強する時間がとれない」「友人と遊ぶことができない」「睡眠
が十分に取れない」という回答をしている. こどもたちの回答からは，家族の
ケアに時間を費やす中で，自分の時間を取ることができない悩みが伺える. 友
達と遊べず，宿題や勉強する時間や，寝る時間すら削らないといけない子が多
くいる.「特にない」という割合が高い背景には，こどもたちの葛藤があると
考えられる.「特にない」という回答は，毎日懸命にケアするなかで，自分の
疲れや限界に気付かずに頑張り続けているというサインでもあることが伺える.

（11）　こどもたちの相談の有無

　こどもたちの家族のケアに関する相談の経験について，説明する. こどもた
ちが家族の世話について相談した経験について尋ねている. いずれの学年にお
いても，回答で最も多いのは「ない」という回答で5割ほどであった. 特に小
学生においては50.7%で，2人に1人以上が「ない」と回答する割合が高い傾
向にある. また無回答も考えると，世話について相談した経験があるこどもた
ちは，1割にも満たない約数%ほどだということがわかる.
　相談した経験がないと回答したこどもたちに，その理由について尋ねると，
いずれの学校種においても，回答で最も高いのは「相談するほどの悩みではな
いから」で6割から8割ほどであった. 特に小・中学生においては8割ほどが

「相談するほどの悩みではないから」と答えている．続いて多い理由としては，「相談しても状況が変わるとは思わない」という回答であった．中学生においては２割である．こどもたちが相談した経験がない理由には，そもそも相談する必要性を感じていない，もしくは相談しても状況が変わるとは思わないということが大きな理由を占めていることがわかる．

相談した経験が「ある」と回答したこどもたちに，相談相手について尋ねると，最も多いのは，家族（父，母，祖父母，きょうだい）でどの学年も最も高い．小学生は７割，中高校生は100％であった．次に回答が多かったのは，「友人」で約５割であった．それ以外の「福祉サービスの人」はすべての学年において０％であった．「スクールカウンセラーやスクールソーシャルワーカー」も小学生と高校生で０％であった．

「家族」に相談できることは重要であるが，一方で相談相手が家族に限られる場合，なかなか周囲に家族のケアの状況が伝わらない場合もある．同年代の友人に相談できる環境があることも重要であるが，より具体的にこどもたちを支援するためには，やはり「学校の先生」や「病院・医療・福祉サービスの人」など，周囲の大人がこどもたちの相談相手になれることが重要である．

(12)　こどもたちはどんなサポートを求めているか

こどもたちが周囲の大人にしてほしいことについて，説明していく．実態調査では，学校や大人に助けてほしいことについて尋ねている．いずれの学年においても，回答で最も多いのは「特にない」という回答で約４割〜５割であった．ただし，「特にない」という回答の多さは，本当にこどもたちにサポートが必要ないわけではない．小学生から中高生になるにつれ，周囲の大人たちに求めることの割合が高くなっている．これはこどもたちが年齢を重ねるにつれて，どのようなサポートが必要なのかがわかるようになるからであろう．

続いて多かった回答は，「自由に使える時間がほしい」「勉強を教えてほしい」「自分の今の状況について話を聞いてほしい」などの回答が多い傾向にあった．少なくない数のこどもたちが以上のように回答しており，どのような支援が必要かということが数値で見えてきた．話を聞いてくれる人の存在や，具体的な相談ができる場所，勉強をサポートしてくれるサービスなどが，こどもたちが求めている支援である．

第4章 「ひとり親家庭のヤングケアラー」と「ことばのケアを担うヤングケアラー」の実態と支援策　69

(13)　こどもたちはどんな相談方法を求めているか

こどもたちがどんな相談を求めているかについて，説明していく．実態調査では，自分のことについて話を聞いてほしい」，「家族のお世話について相談にのってほしい」と回答した小学生に，どのような方法で話を聞いたり相談にのったりしてほしいか尋ねている．回答で最も高いのは，「直接会って」という回答で70.0%であった．次いで「SNS」15.0%，「電子メール」10.0%となっている．直接会って話ができる場所や機会の提供などが，こどもたちが求めている相談方法である．

2 「ひとり親家庭のヤングケアラー」の実態

(1)　どのくらいの数いるか

A市が行ったヤングケアラーに関する実態調査の結果から，どのくらいの数のこどもたちが「ひとり親家庭」の「ヤングケアラー」とされるのかについて解説する．「ひとり親家庭」[5] について「家族の中にあなたがお世話をしている人はいますか．」という質問に対して「はい」と答えた小学生・中学生・高校生は以下の割合でいることがわかった．「ひとり親家庭」の総数は小学生が83世帯で，そのうち「ヤングケアラー」は14人，中学生は82世帯で，そのうち「ヤングケアラー」は10人，高校生は84世帯で，そのうち「ヤングケアラー」は6人となっている．すべての学年において，「ひとり親家庭」の「ヤングケアラー」は全世帯と比べ割合が高い．

・「ひとり親家庭」の小学6年生の16.5%　（全世帯の11.2%）
・「ひとり親家庭」の中学2年生の12.2%　（全世帯の 7.2%）
・「ひとり親家庭」の高校2年生の 7.1%　（全世帯の 4.3%）

(2)　ケアしている相手は

「ひとり親家庭」の「ヤングケアラー」が誰をケアする割合が高いのかについて，説明する．こどもたちがケアを行う相手は「母親」が多いということが，調査結果からわかる．A市の実態調査では，小学生はお世話を必要とする家族としては「母親」の割合が57.1%で最も高い．中学生は「きょうだい」の割合が30.0%で最も高い．次いで「母親」の割合が20.0%となっている．高校生

は「母親」の割合が50.0％で最も高い．すべての学年においてケアを行う相手は「母親」が多い．

　その理由としては，すべての学年において「母親」と暮らす「ひとり親家庭」が多いという回答がある．「あなたが一緒に住んでいるのは誰（だれ）ですか」という質問に対して「母親」と答えた小学生は77人（92.8％），中学生は712人（86.6％），高校生は78人（92.9％）となっている．一方，「父親」と答えた小学生は6人（7.2％），中学生は8人（9.8％），高校生は5人（6.0％）である．

（3）　ケアしている相手はどんな状況か

　実態調査では，世話している人について，それはどのような理由か尋ねている．ケアの相手である「母親」が置かれている状況として，小学生では「日本語が苦手」という回答が最も多かった．中学生と高校生は全員が「無回答」という回答であった．日本語が苦手な母親の言葉のケアをしている母子家庭のこどもがいることがわかる．

（4）　どんなケアを担うことが多いか

　「ひとり親家庭」の「ヤングケアラー」がケアする相手にどんなケアを行う割合が高いのかについて，説明する．「家事」については，小学生が8人57.1％，中学生が0人0％，高校生が2人66.7％である．小学生は「家事」に次いで，「見守り」2人14.3％，「お金の管理」2人14.3％となっている．中学生は「家事」1人のみの回答である．高校生は「家事」「感情面のサポート」がそれぞれ2人ずつの回答である．

　小学生の中には，「家事」だけでなく「お金の管理」という回答もあった．小学生が「お金の管理」を行うということは，身近に頼れる家族や親戚がいないということであり，こどもにとっての負担は大きいと考えられる．

（5）　誰とケアを行っているか

　実態調査を通じて，こどもたちが誰とケアを行っているのかについて，説明する．一緒に世話を行う人については，小学生は「母親」の割合が4割で最も高い．続いて「自分のみ」が2割である．中学生は「自分のみ」が2割で最も高い．高校生は「母親」の割合が3割前後と最も高い割合にある．続いて，「自分のみ」の割合が高くなっている．誰とも一緒にケアをせず，自分のみでケア

を行っているこどもたちは，小・中・高いずれも高くなっている．

　福祉サービスを使用しながらケアを行うこどもたちは，いずれの学年もいない．こどもたちが一緒にケアを行うのは「母親」のみで，「母親」以外の外部の人と一緒にケアを行う割合は極めて低いことがわかる．家族のケアを行うこどもたちのほとんどは，「母親」以外と一緒にケアを行っているわけではないため，「ヤングケアラー」の家族状況について第三者が気付くことが難しい状態にある．このように，「ひとり親家庭」の「ヤングケアラー」は周りから見えづらく，また多くのこどもたちは誰の力も借りずに1人でケアを行っていることがわかる．

(6)　ケアにどのくらい時間をかけているか．どのくらい負担があると感じているか

　「ひとり親家庭」の「ヤングケアラー」がケアにどのくらいの時間をかけているのかについて，説明する．ケアの頻度についての質問に対しては，「ほぼ毎日」という回答が最も高い．小学生28.6％，中学生10.0％，高校生24.3％である．続いて「週3〜5日」という回答が多く，こどもたちの多くは日常的にケアを行っていることがわかる．

　平日1日当たりの家族のケアに費やす時間は，中高校生は「1〜3時間未満」が最も多い回答になっている．小学生は「1時間未満」が最も多い回答である．なかでも平均7時間以上を家族のケアに費やしているという小学生が2人(14.3％)いることがわかる．「金銭管理」を行っている小学生がいることも含めて考えると，支援が急がれるこどもたちがいることがわかる．

　1日の多くの時間をケアに費やしているこどもたちであるが，「世話をしていることで，やりたいけど，できていないことはありますか」という質問に対しては「特にない」という回答が，いずれの学年も最も高い回答になっている．それ以外では，小学生は「学校を休んでしまう」「遅刻してしまう」「自分の時間が取れない」という回答がある．中学生は「睡眠が十分にとれない」「友人と遊ぶことができない」という回答がある．高校生は「宿題をする時間や勉強する時間がとれない」という回答もある．

(7)　どんな影響があるか

　「ひとり親家庭」の「ヤングケアラー」であることによるこどもたちの影響

について，考える．「やりたけど，できていないことはありますか．」という質問に対して「特にない」という回答が多くあった．「特にない」以外の回答にはこどもたちの影響が現れている．いずれの学校種も多くのこどもたちは「自分の時間が取れない」「宿題をする時間や勉強する時間がとれない」「友人と遊ぶことができない」「睡眠が十分に取れない」という回答をしている．こどもたちの回答からは，家族のケアに時間を費やす中で，自分の時間を取ることができない悩みが伺える．そのために，中学生は友達と遊べない，高校生は宿題や勉強する時間が取れない状況にあることがわかる．

(8) こどもたちの相談の有無

こどもたちの家族のケアに関する相談の経験について，説明する．こどもたちが家族の世話について相談した経験について尋ねている．いずれの学年においても，回答で最も多いのは「ない」という回答で5割ほどであった．特に小学生においては9人 (64.3%) で，3人に2人以上が「ない」と回答する割合が高い傾向にある．また無回答も考えると，世話について相談した経験があるこどもは，1人 (7.2%) にとどまるということがわかる．

相談した経験がないと回答したこどもたちに，その理由について尋ねると，いずれの学年においても，回答で最も高いのは「相談するほどの悩みではないから」で約7割ほどであった．続いて多い理由としては，小学生は「相談しても状況が変わるとは思わない」という回答であった．中高生は「家族のことを話しにくい」「家族のことを知られたくない」という回答であった．こどもたちが相談した経験がない理由には，そもそも相談する必要性を感じていない，もしくは家族のことを知られたくないということが大きな理由を占めていることがわかる．

相談した経験が「ある」と回答したこどもたちに，相談相手について尋ねると，小学生，高校生ともに「友人」という回答であった．家族を含め「福祉サービスの人」に相談したこどもはいなかった．同年代の友人に相談できる環境があることも重要であるが，より具体的にこどもたちを支援するためには，周囲の大人に相談できることが重要である．

(9) こどもたちはどんなサポートを求めているか

こどもたちが周囲の大人にしてほしいことについて，説明していく．実態調

査では，学校や大人に助けてほしいことについて尋ねている．いずれの学年において も，回答で最も高いのは「特にない」という回答で約4割〜5割であった．続いて多かった回答は，「自由に使える時間がほしい」であった．それ以外に，小学生は「お金の面で支援してほしい」，中学生は「家族の世話について話を聞いてほしい」と回答している．高校生は「勉強を教えてほしい」「進路や就職の相談にのってほしい」と回答している．小学生では家族全体への経済面での支援，高校生になると，卒業後の進路を見据えた相談や，勉強をサポートしてくれるサービスなどが，こどもたちが求めている支援である．

(10) こどもたちはどんな相談方法を求めているか

こどもたちがどんな相談を求めているかについて，説明していく．実態調査では，「自分のことについて話を聞いてほしい」，「家族のお世話について相談にのってほしい」と回答した小学生に，どのような方法で話を聞いたり相談にのったりしてほしいか尋ねている．回答は「直接会って」と「SNS」が1人ずつとなっている．多様な相談方法を確保することが重要である．

3 「ことばのケアを担うヤングケアラー」の実態

(1) 二次分析結果

1）どのくらいの数いるか

A市が行ったヤングケアラーに関する実態調査の結果から，どのくらいの数のこどもたちが「日本語が苦手な家族がいるヤングケアラー」とされるのかについて解説する．「日本語が苦手な家族がいるヤングケアラー」は，小学生で5人（男性3人，女性2人），中学生で1人（女性），高校生で0人であった．

2）どんな世帯に多いか

「現在一緒に住んでいる家族」については，小学生は「父親」4人，「母親」4人，「きょうだい」3人となっている．中学生は母親ときょうだいであり，「ひとり親家庭」であることがわかる．

3）ケアしている相手・どんなケアを担うことが多いか

「日本語が苦手な家族がいるヤングケアラー」が誰をケアする割合が高いの

かについて，説明する．A市の実態調査では，小学生はお世話を必要とする家族としては「母親」の割合が40.0%（2人），「父親」の割合が60.0%（3人），「きょうだい」の割合が20.0%（1人）という回答であった．ケアしている父親と母親の状況は全員が「日本語が苦手」という状況であった．「きょうだい」については「幼い」という回答である．小学生が，日本語が苦手な親の言葉のケアや幼いきょうだいの世話をしている状況がうかがえる．

中学生は「きょうだい」という回答であった．「きょうだい」について世話を必要とする状況は，「精神疾患」と「日本語が苦手」という回答である．日本語が苦手な親に代わって，精神疾患をもつ日本語が苦手なきょうだいに対して，「家事」「外出の付き添い」「見守り」等の複数のケアを行っている状況がうかがえる．

4）どんなケアを担うことが多いか

「日本語が苦手な家族がいるヤングケアラー」がケアする相手にどんなケアを行う割合が高いのかについて，説明する．小学生においては，「家事」「きょうだいの世話や送り迎え」「買い物や散歩に一緒に行く」「話しを聞く」「通訳」という回答である．中学生においては，「家事」「外出の付き添い」「見守り」「通訳」という回答である．小学生，中学生ともに日本語が苦手な親のことばのケアだけでなく家事も行っていることがわかる．

5）誰とケアを行っているか

実態調査を通じて，こどもたちが誰とケアを行っているのかについて，説明する．一緒に世話を行う人については，小学生は「母親」「父親」「自分のみ」「きょうだい」であり，中学生は「自分のみ」となっている．福祉サービスを使用しながらケアを行うこどもたちは，すべての学年において0人である．こどもたちは通訳をはじめとする外部のサービスを使用していないことがわかる．

6）ケアにどのくらい時間をかけているか．どのくらい負担があると感じているか

「ヤングケアラー」がケアにどのくらいの時間をかけているのかについて，説明する．ケアの頻度についての質問に対しては，小学生は「ほぼ毎日」が4人80.0%，「週に3～5日」が1人20.0%である．中学生は「週に3～5日」という回答であり，こどもたちの多くは日常的にケアを行っていることがわか

る.

　平日 1 日当たりの家族のケアに費やす時間は，小学生は「1 時間未満」「1
〜 2 時間未満」「3 〜 4 時間未満」「7 時間以上」がそれぞれ 1 人ずつの回答に
なっている．なかでも平均 7 時間以上を家族のケアに費やしているこどもがい
ることがわかる．中学生は「無回答」である．これらのことから，日本語の学
習だけでなく宿題や学習の時間が十分に取れないこどもがいることが推察でき
る.

7) どんな影響があるか

　「日本語が苦手な家族がいるヤングケアラー」であることによるこどもたち
の影響について，考える．「やりたけど，できていないことはありますか．」と
いう質問に対して「特にない」という回答が多くあった．「特にない」以外の
回答にはこどもたちの影響が現れている．いずれの学年も多くのこどもたちは
「自分の時間が取れない」「睡眠が十分に取れない」という回答をしている.

8) こどもたちの相談の有無

　こどもたちの家族のケアに関する相談の経験について，説明する．こどもた
ちが家族の世話について相談した経験について尋ねている．小学生は「ある」
1 人 (20.0%)，「ない」4 人 (80.0%) で「ない」と回答する割合が高い．中学
生は「ない」1 人 (100.0%) であった．「日本語が苦手な家族がいるヤングケ
アラー」の多くは，家族のケアについて誰にも相談した経験がないことがわか
る.

　相談した経験がないと回答したこどもたちに，その理由について尋ねると，
小学生の回答では全員が「相談するほどの悩みではないから」と答えている．
中学生は「誰に相談するのがよいかわからない」と答えている．こどもたちが
相談した経験がない理由には，そもそも相談する必要性を感じていない，もし
くは相談する相手がわからないということが大きな理由を占めていることがわ
かる.

9) こどもたちはどんなサポートを求めているか

　こどもたちが周囲の大人にしてほしいことについて，説明していく．実態調
査では，学校や大人に助けてほしいことについて尋ねている．小学生は「特に

ない」が２人，「わからない」が２人という回答であった．小学生はどのような サポートが必要なのかわからないことがうかがえる．中学生は「自分のいまの状況について話を聞いてほしい」「家族の世話について相談にのってほしい」「自由に使える時間がほしい」という回答であった．話を聞いてくれる人の存在や，相談ができるサービスなどが，こどもが求めている支援である．

(2) 「ことばのヤングケアラー」に対するインタビュー調査

次に，「ことばのヤングケアラー」の実態についてみてみよう．「ことばのヤングケアラー」の現状と課題を把握するために，Ａ市在住の「ことばのヤングケアラー」であった者を対象にインタビュー調査を実施した[6]．調査内容は，通訳していた期間，通訳をしていた場面，他に利用していた通訳サービスの有無・種類，通訳していたことによる影響，属性（年齢，家族構成，来日時期，主たる家計支持者が間接雇用の工場労働者かどうか）である．

1）Ａさんインタビュー

Ａさんはインタビュー当時19歳である．４歳で来日し，小学２年生から今日まで，日本語の読み書きができない両親に代わり，学校関係の書類や郵便等の生活面での翻訳を行ってきた．中学生になってからは，父親が経営するレストラン事業に関する書類の翻訳も役割になった．小学生の時は，学校の手紙に書かれている文章の意味も分からないまま翻訳することが多く，とても大変だったと語った．また，親のレストラン経営に関する書類の翻訳は，専門用語が多くことばの意味が分からないため，時間がかかるなど負担も大きく，自分の学習時間が少なくなったということである．当時は，今日のように外国籍のこどもは多くなく，学年に彼女ひとりであったこともあり，学校での外国人のこどもへの支援はほとんどなかった．

「小学２年生で学校からの手紙をすべて翻訳し，返事を書いて提出するのは大変だったでしょう」とインタビューすると，「大変だったが，当時は，それが当たり前だと思ってやっていたので，学校の先生を含め誰かに相談するという発想は全くなかった」という答えが返ってきた．こどもから相談するのは難しいことを改めて認識させられた．Ａさんの親は，職場では英語でコミュニケーションするため，日本語を使う必要はなく，生活面でこどもに頼れば，日本語でコミュニケーションできなくても支障なく生活できる．

2）Bさんインタビュー

　Bさんはインタビュー当時22歳で，A市在住，夫（日本人）と子供2人（長女3歳，次女4カ月）の4人家族である．両親は近隣に住んでいる．来日は3歳で，両親と祖父母の5人家族であった．3歳から中学3年生の3学期途中まで浜松市に居住し，その後，B市のD町に引っ越した．当時町内に外国人家庭はBさんの家庭のみで地域で目立っていた．学校でも目立っていていじめられたが，卒業まで2週間であったのでなんとかやり過ごした．

　小学4年生から家族の通訳をしていた．最も多かったのは病院受診時の付き添いであった．受診時の通訳は医療の専門用語が難しく大変であった．両親は日本語教室に数回通ったが，仕事をしながら学ぶのは大変で続かなかった．結婚してからも通訳で両親に呼ばれることは多い．

　通訳で最も嫌だったのは，電話通訳で親から頼まれて，クレジットカード支払いを分割払いやリボ払いにする内容を通訳していたことである．リボ払いなど意味のわからない言葉を通訳するのはとても難しかった．買い物時には，母親にスーパーマーケットで「これ何？」と聞かれることが多かったが，漢字が読めず答えられないと，「学校で習っているのに，なぜ，分からないの」と怒られた経験がある．母親は学校の三者面談時に「学校で何を教えているの．こどもは漢字が読めない」といったことがあり，とても恥ずかしい思いをした記憶がある．ブラジルではアルファベットがわかれば全て読めるので，漢字を読めないということを母親は理解できていなかった．家族の通訳のために学校を休んだことはなかった．

　現在は，3歳の長女に，日本語と母国語の両方を教えているので大変である．A市では，近年，来日してから出産する家庭が増えている．その場合，こどもに母国語を教えるのが大変である．他の自治体では母国語支援の事業を行っている自治体もあるので，A市でも今後は日本語支援だけでなくポルトガル語の母国語支援を始めてほしい．

　副業で通訳を行っている．月額6万円くらいの収入になる．ブラジルママのコミュニティ（A市で登録者350人），ブラジルコミュニティ（寄付やつながりのコミュニティ登録者422人）のSNSでのコミュニティで広報している．通訳希望者は多く，インタビュー当日も午前中3件，午後1件依頼が入っていた．通訳の依頼内容は，病院受診時の付き添いが多い．

おわりに

　本章では，Ａ市のヤングケアラー実態調査の個票データを用いて二次分析を行い，支援の対象とするべきヤングケアラーの実態を分析した．これに併せて，「見えにくく捉えづらいヤングケアラー」の支援策を検討する．

　Ａ市のヤングケアラーの数は，すべての学年において全国調査と比べ高い水準にある．小学生ではクラスに４人，中学生では３人，高校生では２人いることになる．また，すべての学年において，「ひとり親家庭」の「ヤングケアラー」は全世帯と比べ割合が高い．さらに，「日本語が苦手な家族がいる家庭」においては「ことばのケアを担うヤングケアラー」がいることも明らかになった．

　多くの「ひとり親家庭のヤングケアラー」は，誰にも相談せずに１人でケアを行っているため，周囲の大人がヤングケアラーに気付くことが難しく，周りから見えづらい状態にある．しかし，ほぼ毎日家族のケアに時間を費やす中で，自分の時間を取ることができず，学習面や友人との付き合いで悩みを抱えている．とりわけ小学生で「家事」だけでなく「お金の管理」も行っている，支援が急がれるヤングケアラーがいることも明らかになった．

　「日本語が苦手な家族がいる」ヤングケアラーには，外部サービスを利用せずに，自分１人で言葉のケアだけでなく「家事」や「きょうだいの世話」などを行っている者も多い．ほぼ毎日ケアを行っておりケア負担も重いと考えられるが，誰に相談するのがよいかわからず，相談した経験がないこどももいる．ただし，「自分のいまの状況について話を聞いてほしい」「家族の世話について相談にのってほしい」と回答している．

　帯同家族や呼び寄せを伴う外国人労働者の増加に伴い，伴われて来日する配偶者や子どもが増えている．これらの外国人には就労支援とともに生活支援も必要であるが，コミュニケーションの問題を中心に，こどもが親の通訳・翻訳を担う「ことばのケア」の問題が生じている．こどもは親に頼まれてケアしている認識がないままに長期間「ことばのケア」を行うことで負担を感じているケースが多い．問題は，親への日本語支援だけでは問題解決には至らず，家族全体を支援の対象とする視点を持たなければ，こどもが担う「ことばのケア」の問題は見えにくいことにある．このように，「ことばのケアを担うヤングケ

アラー」問題の解決には，家族全体支援の視点をもつことが重要である．

　以上のことから，「ひとり親家庭」「日本語が苦手な家族がいる家庭」のヤングケアラー支援を推進するためには，ヤングケアラーかもしれないと捉えられる世帯だけでなく全世帯を支援の対象とすることが必要である．そして，こどもだけでなく保護者にもケアについて相談できることや相談窓口を知らせておくことが必要である．

　ひとり親家庭に必要な支援が届くようにするため，ひとり親家庭への支援施策についてこれまで以上に積極的に周知を行い，確実に支援情報を届けることが重要であるとの周知がなされているが，ひとり親家庭の支援策に「ヤングケアラー支援」を含めることも必要である．また，「外国語対応通訳派遣支援」も利用しながら，こどもが「ことばのケア」を担うことで，教育面での遅れや生活への影響が出ないようにするための支援も急がれる．この事業はあくまでも，各家庭から自治体に相談があった場合に対応するとのことであるので，この制度が必要な家庭に広く周知されることが課題である．

　「ひとり親家庭」やこどもが担う「ことばのケア」の問題は見えにくいことにある．このようなヤングケアラー支援を推進するためには，これらのヤングケアラー問題の背景やこどもの背後にいる家族のケアニーズを可視化する必要がある．こどもを取りまく家族の状態像やケアニーズが把握できれば，必要な支援策の提供も可能になってくる．そして，新たなヤングケアラーを生まない社会の創造にもつながるであろう．

注

1）子ども・若者育成支援推進法〈https://warp.da.ndl.go.jp/info：ndljp/pid/12927443/www8.cao.go.jp/youth/wakugumi.html〉（2024年7月31日最終アクセス）．

2）厚生労働省「ヤングケアラーの支援に向けた福祉・介護・医療・教育の連携プロジェクトチーム報告」〈https://www.mhlw.go.jp/content/000780549.pdf〉（2024年7月31日最終アクセス）．

3）有限責任監査法人トーマツ「令和5年度子ども・子育て支援推進調査研究事業　ヤングケアラー支援の効果的取組に関する調査研究」2024.〈https://www2.deloitte.com/content/dam/Deloitte/jp/Documents/about-deloitte/news-releases/jp-nr-nr20240424-2.pdf〉（2024年9月30日最終アクセス）．

4）A市は外国籍家庭が多い自治体であり，本調査にあたり協力を得て，資料を提供いただいた．

5）ひとり親家庭とは，同居家族がお母さんまたはお父さんのいずれか，兄・姉，弟・妹，

その他（親戚など）である．地方自治体の分類を参照にしている．

6）令和5年9月24日にＡ市内のインタビュー者の親が経営するレストランでインタ
ビューを行った．

参考文献

岩成俊策「食の現場からみた日系ブラジル人と出雲──ブラジル料理店「パイゾン」と農
業への取り組み──」『山陰民族研究』28，27-34，2023．

徳田剛・二階堂裕子・魁生由美子『地方発　外国人住民との地域づくり』晃洋書房，2019．

宮本恭子「生活者としての外国人が包摂される社会をめざして──島根県出雲市の「こと
ばのヤングケアラー」を対象に──」『経済科学論集』50，1-22，2024．

宮本恭子「持続可能な社会に向けた外国人労働者の受け入れに関する研究」『山陰研究』
10，1-19，2017．

第 5 章

ケアラーを社会全体で支える
北海道栗山町のヤングケアラー

第5章　ケアラーを社会全体で支える北海道栗山町のヤングケアラー　*83*

はじめに

　福祉のまち栗山町では，全国の市町村で初めて「ケアラー支援条例（以下，「支援条例」という．）」を制定したことで注目される．栗山町がめざすものは，「全てのケアラーが個人として尊重され，孤立することがないように社会全体で支えあい，健康で文化的な生活を営むことができるまちの実現」である．そこで，ケアラーを社会全体で支えあうという栗山町におけるヤングケアラーの実態はどうなのか，また，まちのケアラー支援の取組がヤングケアラーに何らかの影響を与えているのか，与えているとすればどのような影響を与えているかについて考えてみたい．

1　栗山町の概況

(1)　地勢・人口

　栗山町は総面積203.93km^2 [1]（2021（令和3）年10月1日現在．以下同）であり，道都札幌市，空の玄関口新千歳空港，港湾苫小牧市に車で約1時間の道央圏にある．東は夕張山系に続く緩やかな丘陵群で夕張市と界し，北はクッタリ山系をもって岩見沢市と界している．また，南西は夕張川を隔てて由仁町および長沼町に接している．人口は約1万1100人（前年比−149（−1.31％））で，総世帯数は5739戸（前年比−7（−0.12％））である．

　基幹産業は農業（米，小麦，たまねぎ，種ばれいしょ）であり，産業別人口の推移は，第一次産業が平成7年の22.3％から27年に22.7％とほぼ横ばいの状態であり，第二次産業は平成7年の27.4％から27年に22.1％に減少し，第三次産業は平成7年の50.3％から27年の57.2％に増加している．

(2)　教育・子育て

　園・学校数（2021（令和3）年5月1日現在）は，幼保連携型認定こども園が1園，小学校3校，中学校1校，高等学校1校である．小学校の児童数は平成28年の509人から令和2年に495人，中学校の生徒数は平成28年の291人から令和2年に226人，高等学校の生徒数は平成28年の188人から令和2年に116人と，いずれも減少傾向にあり，[2]高等学校では存続が大きな課題となっている．

他に昭和62年の介護福祉士養成の始まりとともに，63年，全国唯一，町が運営する公立の介護福祉士養成校が開設された．2学級定員45人で運営されているが，生徒数は平成28年の80人から令和2年に45人に減少している[3]．遠方からの進学者が介護福祉士の資格を取るための勉学に集中できるよう栗山町が建設した女子専用の学生寮もある[4]．町全体が学びのキャンパスをスローガンに，「福祉のまち栗山」をフィールドとした実践的な学びを通した専門職養成が行われ，今日を迎えている．

(3) 福祉のまちづくりの主な経過

栗山町福祉課の提供資料をもとに[5]，栗山町における福祉のまちづくりの主な経過を下記に示す．介護保険制度の開始までに，介護の人材育成やサービス供給の体制が整備されてきた．

昭和63年　栗山町立北海道介護福祉学校開校
　　　　　（将来の高齢化社会を見据えた介護人材養成）

平成4年　町営デイサービスセンター開設
　　　　　高齢者サービス調整チーム設置（～平成11年）
　　　　　　　（庁内福祉課，保健師，社会教育担当，老人福祉施設職員，土木建築
　　　　　　　担当などにより組織し，総合的な高齢者サービスを実施）
　　　　　ふれあい広場くりやま開催（継続中）
　　　　　　　（福祉団体の出店や保育所児童の舞台発表などボランティアによる福
　　　　　　　祉イベント）

平成5年　福祉情報誌「くりやまプレス」発行，全戸配布（～平成17年）
　　　　　　　（困難を抱えながらも懸命に生きている町民を紹介し，やさしさとぬ
　　　　　　　くもりを町民みんなで共有）

平成6年　いきいきホームステイいん栗山（～平成9年）
　　　　　　　（高齢者が一般家庭に宿泊して世代交流を図る）

平成7年　人にやさしい家づくり事業（～平成13年）
　　　　　　　（住宅のバリアフリー化に対する助成）

平成8年　テレビ電話による「いきいきコール」（～平成12年）
　　　　　　　（テレビ電話による在宅相談サービス）
　　　　　福祉ビデオ「あなたの笑顔をください」作成

（くりやまプレスの映像版ドキュメンタリービデオを作成し福祉教育
に活用）

むすむし栗山物語（～平成10年）

（高齢者にコオロギの飼育による認知症防止と交流活動）

平成12年　介護保険制度開始

2　ケアラー支援

(1)　ケアラー支援条例の策定

栗山町では，介護ニーズの高い後期高齢者人口の増加を背景に，平成22年に
すでにケアラーについての実態調査を実施し，平成27年，令和 2 年にも実施し
た．その結果から，本町におけるケアラーを取り巻く状況が見えてきた．町内
全世帯の19％にケアラーが存在し，ケアラーの多くが日常生活による心身の悩
みや，将来への不安を抱えていることから，画一化した介護保険サービスだけ
では解消できない問題として認識された．

また，介護は，高齢者だけでなく，障がい者やこどもなどケアされる側もさ
まざまな形があり，ケアラーの負担が大きくなることで，ケアラー自らの人生・
生活・健康が奪われるだけではなく，医療費や介護費用の増大，介護離職によ
る労働力不足などといった社会経済活動に与える影響は大きいものと想定され
る．10年後の将来を見据え，介護者への支援だけではなく，介護者を取り巻く
生活環境全体に視点を置き，ケアラーも心身ともに健康で働くことや学ぶこと，
人生を楽しむことができるような環境を町全体で作り上げていくことが求めら
れる．

このようなことから町では，令和 3 年 4 月 1 日，ケアラーを社会全体で支え
るため，全国の市町村で初めて「ケアラー支援条例[6]（以下，「支援条例」という.）」
を制定した．条例は，ケアラー支援の基本理念を定め，町の責務並びに町民及
び事業者，関係機関の役割を明らかにするとともに，ケアラー支援に関する施
策を総合的かつ計画的に推進し，すべてのケアラーが健康で文化的な生活を営
むことができる社会を実現することを目的とする．栗山町ケアラー支援条例逐
条解説[7]は，以下のとおりである．

（目的）

第1条　この条例は，ケアラーを社会全体で支えるため，ケアラーの支援に関し，基本理念を定め，町の責務並びに町民，事業者及び関係機関の役割を明らかにするとともに，ケアラーの支援に関する施策の総合的かつ計画的な推進を図ることにより，全てのケアラーが健康で文化的な生活を営むことができる社会を実現することを目的とする．

【解説】

　本条例の目的は，将来にわたり，多くのケアラーが日常生活や心身の不安を抱えることなく，また，地域から孤立せず，安心して介護や看護などをすることができる地域づくりを目指し，全てのケアラーが健康で文化的な生活を営むことができる社会を実現するため，ケアラーの支援に関する基本理念を定め，町の責務，町民，事業者及び関係機関の役割を明らかにするとともに，ケアラーの支援に関する施策の総合的かつ計画的な推進を図るものです．

（定義）

第2条　この条例において，次の各号に掲げる用語の意義は，当該各号に定めるところによる．

⑴　ケアラー　高齢，身体上若しくは精神上の障がい又は疾病等により援助を必要とする親族，友人その他の身近な人に対して，無償で介護，看護，日常生活上の世話その他の援助（以下「介護等」という．）を提供する者をいう．

⑵　関係機関　栗山町社会福祉協議会並びに介護，障がい者及び障がい児の支援等に関する活動を行い，当該活動においてケアラーに関わる機関

【解説】

〈第1号「ケアラー」について〉

　本条例の支援対象とする「ケアラー」は，高齢者，障がいのある方，疾病のある方だけでなく，アルコールや薬物依存，ひきこもりなどのケアをしている方も含まれます．また，自身の家族以外の方の世話をしている場合や，家族に代わり家事や入浴，トイレの介助，さらに，幼い兄弟の世話などをする18歳未満の子ども（ヤングケアラー）も含まれます．ただし，業務として対価を得て行う場合を除きます．

〈第2号「関係機関」について〉

「関係機関」は，これまで主体的にケアラーの支援の活動を実施してきた栗山町社会福祉協議会と「介護，障がい者及び障がい児の支援，医療，児童の福祉等に関する業務を行い，その業務を通じて日常的にケアラーに関わる可能性がある機関」をいいます．例えば，高齢者介護を行っているケアラーにとっては，地域包括支援センターや介護事業所などが関係機関に該当します．

（基本理念）

第3条　ケアラーの支援は，全てのケアラーが個人として尊重され，健康で文化的な生活を営むことができるように行われなければならない．

2　ケアラーの支援は，町，町民，事業者，関係機関等の多様な主体が相互に連携を図りながら，ケアラーが孤立することのないよう社会全体で支えるように行われなければならない．

【解説】

介護者である子ども世代が高齢となり，介護負担がその孫世代にまで拡大している一方，共働きや晩婚化により生活様式や家族形態も多様化しています．その中で，様々な課題を抱える個人や家庭が地域から孤立し，虐待や自殺，孤独死に至るなど，助けがないまま事件となり，はじめて顕在化する例が後を絶ちません．こうした深刻な事態を未然に防ぐためには，行政機関だけではなく，あらゆる地域の人々の助け合いの意識と行動が重要です．このため，立場の異なる人々が課題に応じてつながり，地域全体でケアラーを支援するための基本理念として次の2つを掲げました．

①　全てのケアラーが個人として尊重され，健康で文化的な生活を営むことができるように支援すること．

②　多様な主体が相互に連携を図りながら，ケアラーが孤立することのないように支援すること．

（町の責務）

第4条　町は，前条の基本理念（以下「基本理念」という．）にのっとり，ケアラーの支援に関する施策を総合的かつ計画的に実施するものとする．

2　町は，町民，事業者，関係機関等から前項の施策に関し意見を聴くなど，広く町民参加の機会を提供するよう努めるものとする．

【解説】

　町は，ケアラーの支援に関する施策について，意見交換会や意見公募の他，多様な手法で意見を聴くなど，広く町民参加の機会を提供するよう努め，ケアラーの支援に関する施策を総合的かつ計画的に実施します．

（町民の役割）

第5条　町民は，基本理念にのっとり，ケアラーが置かれている状況及びケアラーの支援の必要性について理解を深め，栗山町社会福祉協議会並びに町内会及び自治会の活動等を通じて，町が実施するケアラーの支援に関する施策に協力するよう努めるものとする．

【解説】

　町民は，個人としてはもちろんのこと，町内会・自治会やボランティア活動などを通じて，ケアラーの支援を進める上で大切な役割を担っています．ケアラーについて関心を持ち，ケアラーの支援に関する活動に参加することは，ケアラーを社会全体で支えるために必要不可欠であり，地域の問題や課題に取り組むきっかけにもなるため，町民の重要な役割として定めています．

（事業者の役割）

第6条　事業者は，基本理念にのっとり，ケアラーが置かれている状況及びケアラーの支援の必要性について理解を深め，従業員の職業生活と介護等との両立のために必要な雇用環境を整備するなど，従業員が行う介護等の支援に努めるとともに，町が実施するケアラーの支援に関する施策に協力するよう努めるものとする．

【解説】

　事業者は，ケアラーについて関心を持ち，理解を深め，自らケアラーの支援に関する活動に参加するよう努めるとともに，「人」や「物資」，「資金」や「ノウハウ」など事業所が持っている様々な力を提供し，また，従業員が仕事と介護等との両立ができるよう事業所内の環境整備に努めるものとします．

（関係機関の役割）

第7条　関係機関は，基本理念にのっとり，町が実施するケアラーの支援

に関する施策に積極的に協力するよう努めるものとする.

2　関係機関は，ケアラーの意向を尊重しつつ，その健康状態，生活環境等を確認し，ケアラーの支援の必要性の把握に努めるものとする.

【解説】

　関係機関は，ケアラーとの接点が多いため，ケアラーを早期に発見して支援につなげることができます．施策を実施するに当たり，関係機関に協力してもらうことが不可欠です．関係機関は，その業務を通じて日常的にケアラーに関わる可能性がある立場にあることを認識し，ケアラーの意向を尊重しながら，健康状態や生活環境など，ケアラーの状況を確認し，支援の必要性を把握するよう努めるものとします.

（ケアラーの支援に関する推進計画）

第8条　町は，第4条に規定するケアラーの支援に関する施策を総合的かつ計画的に実施するため，ケアラー支援推進計画（以下「推進計画」という.）を策定するものとする.

2　推進計画は，次の各号に掲げる事項について定めるものとする.

(1)　ケアラーの支援に関する基本方針

(2)　ケアラーの支援に関する具体的施策で次に掲げるもの

　　ア　ケアラーの支援に係る包括的な情報提供及び相談・支援体制

　　イ　ケアラーの交流及び集いの場の設置

　　ウ　ケアラーの支援を担う人材の育成

　　エ　ケアラーの支援の必要性や知識を深める広報及び啓発活動

(3)　前2号に掲げるもののほか，ケアラーの支援に関する施策を実施するために必要な事項

3　推進計画の計画期間は3年とし，毎年度，各施策の評価を行うものとする.

4　第2項第2号に規定する具体的施策は，高齢者保健福祉計画，介護保険事業計画，障がい者福祉計画等に定める施策と整合性を図らなければならない.

【解説】

　ケアラーの置かれている状況は多様であり，ケアラーの支援に関する施策も多岐に渡るため，ケアラーの支援に関する推進計画を策定し，推進計

画の中で具体的施策を定めるものです．推進計画の期間は３年とし，毎年度，施策の評価を行い，事業の見直しや次期の推進計画に反映させます．

（栗山町ケアラー支援推進協議会の設置）

第９条　町は，前条に規定する推進計画の策定及び各施策の評価，計画の見直し等について意見を聴くため，栗山町ケアラー支援推進協議会（以下「協議会」という．）を設置するものとする．

２　協議会の組織及び運営に関し必要な事項は，町長が別に定める．

【解説】

町は，ケアラーの支援に関する推進計画の策定及び各施策の評価，計画の見直し等を行うため，栗山町社会福祉協議会，民生委員・児童委員，ボランティア団体などで構成するケアラー支援推進協議会を設置し，ケアラーが健康で文化的な生活を営むことができる社会の実現を目指します．

附　　則

（施行期日）

１　この条例は，令和３年４月１日から施行する．

（ケアラー支援推進計画に関する経過措置）

２　この条例の施行後第８条の規定により最初に策定するケアラー支援推進計画の計画期間は，同条第３項の規定にかかわらず，当該計画を策定した日から令和６年３月31日までとする

　本条例では，支援対象とする「ケアラー」が定義され，高齢者，障がいのある方，疾病のある方だけでなく，アルコールや薬物依存，ひきこもりなどのケアをしている方も含まれる．また，自身の家族以外の方の世話をしている場合や，家族に代わり家事や入浴，トイレの介助，さらに，幼い兄弟の世話などをする18歳未満の子ども（ヤングケアラー）も含まれるとし，条例でヤングケアラーについても定義された．

　条例が策定されたことによる意義は下記に示すとおりである[8]．

　①介護保険制度で支援できない部分を補完

　　　～ケアラーの負担軽減のため介護の社会化の実現～

　②ケアラー支援事業の継続性を担保

～町の責務の明確化～
③まち全体によるケアラー支援体制の制度化
　　～町民，事業者，関係機関の役割の明確化～

(2)　ケアラー支援のこれまでの取組

　栗山町社会福祉協議会が主体となって町とともに推進してきた，ケアラー当事者及び支援者への調査や研修等のこれまでの取組と実績は下記に示すとおりである。平成24年にケアラーが交流できる場として，ケアラーズカフェ「サンタの笑顔」が開設された。町役場と道を挟んだ真向かいに位置する。高齢者だけでなくこども連れの親子や，交流の場への参加が課題となっている男性も多く訪れており，ケアラーを含めだれでも自由に訪れることができる交流の場となっている。

　平成22年9月　ケアラー実態調査（1回目）
　　　　　11月　命のバトン事業開始
　平成23年7月　在宅サポーター2名採用（H27年まで）
　　　　　11月　在宅電話帳作成・配付
　平成24年1月　熟年人材登録開始
　　　　　3月　ケアラー手帳配布開始
　　　　　11月　まちなかケアラーズカフェ「サンタの笑顔」オープン
　平成25年1月　ケアラーサポーター養成研修（受講者45名）
　平成26年4月　ケアラーアセスメントシート導入
　平成27年2月　見守り介護ロボット導入
　　　　　3月　ケアラーサポーター訪問開始
　　　　　9月　ケアラー実態調査（2回目）
　令和元年11月　ケアラー支援専門員（スマイルサポーター）配置（2名）
　令和2年1月　ケアラー通信発行
　　　　　2月　ケアラー支援学習会開催（参加者103名）
　　　　　5月　ケアラー支援相談ダイヤル開設
　　　　　7月　スマイルサポーター出張相談開始（角田地区・継立地区）
　　　　　8月　家族介護者交流会開始（月1回）
　　　　　11月　ケアラー実態調査（3回目）

写真5-1　ケアラーズカフェ看板　　写真5-2　入り口ではサンタがお迎え

写真5-3　ケアラーズカフェの中の様子

　令和3年3月　ケアラー支援学習会開催（参加者76名）

(3)　「栗山町ケアラー支援推進計画」策定
　令和2年度のケアラーについての実態調査では，栗山町社会福祉協議会が町

内全世帯を対象として，地域における支えあいの可能性とケアラーの生活に関して現状や課題，ニーズを把握し，住みやすい地域づくりのための支援体制や制度の構築を図るため，「地域における支えあいの可能性とケアする人の生活に関する調査」を実施した．その結果から，本町におけるケアラーを取り巻く状況が見えてきた．

　町内全世帯の19%にケアラーが存在し，日常的な支援に加え，「困ったとき」に気づいてもらえる・声掛けしてもらえる居場所や地域づくり，多様なニーズに対応できるような支援体制の構築が求められていることが明らかとなった．さらに，介護の協力者（調査対象者145名）の中に，18歳未満のこどもがいることがわかり，ヤングケアラーの可能性がある回答があった（平均年齢13.2歳，最年少10.0歳，最年長16.0歳）．なお，協力内容について自由記述で尋ねたところ「買い物」や「話し相手」，「家事」や「草取り」という回答があった．

　このような調査結果を踏まえ，ケアラー支援の課題が，（1）ケアラーへの理解と周知，（2）ケアラー支援を担う人材育成，（3）ケアラーが相談・交流できる場所，（4）包括的な相談・支援体制の構築，（5）ヤングケアラーの実態把握と支援体制の検討の5点にまとめられ，栗山町ケアラー支援推進計画[11]が策定された．ヤングケアラーの早期発見や支援策を検討する必要があることも認識された．計画の施策体系にヤングケアラーの相談支援も盛り込まれた．

　ケアラー支援推進計画に掲げる主な内容は，以下に掲げる①～⑥である[12]．

① ケアラーを町民で支える仕組みとして，1）町民の心がけ，2）事業者の心がけ，3）関係機関の心がけを明記した．

② ケアラーの支援の必要性や知識を深める啓発活動

　　　～啓発活動，学習会などの開催～

③ ケアラーの支援を担う人材の育成

　　　～町民ボランティアの養成，ボランティアセンター～

④ ケアラーの支援に係る相談・支援体制

　　　～活動拠点設置，ケアラー支援専門員配置～

⑤ ケアラーの交流及び集いの場の設置

　　　～ケアラーズカフェ，地域サロン等の設置～

⑥ 障がい者及び子育て支援の充実

3 栗山町のヤングケアラーの実態

(1) データ及び分析対象

ケアラー支援推進計画に盛り込まれたヤングケアラーの支援策を検討するために，栗山町では，令和4年11月に町のヤングケアラーの実態調査を行った[13]。この個票データを用いて，ヤングケアラーの実態を二次分析した。用いるデータは，令和4年11月に栗山町福祉課が教育委員会と連携して行った「ヤングケアラー実態アンケート」における個票データを匿名化したものである。これは，栗山町におけるヤングケアラーの実態を把握することで，その現状や課題，ニーズなどを把握し，今後の支援体制の構築や新たな社会資源を開発するための基礎資料を得ることを目的に，調査を行ったものである。

調査方法は，各学校に調査票を直接配布及び直接回収とした。調査対象は，栗山町内の小学校5年生及び6年生，中学校全学年，高等学校全学年による全数調査である。有効回答数及び有効回答率は，配票数小学校176件，中学校240件，高等学校112件で，回収数は，小学校165件，中学校190件，高等学校104件である。有効回答数は小学校159件，中学校174件，高等学校102件で，有効回収率は，小学校93.8％，中学校79.2％，高等学校92.9％であった。

小学生は3校に在籍する小学5年生81人，6年生95人を対象とした。回収方法は，直接対象校に調査票を配布した。児童は，授業において，ヤングケアラーに関する関連動画を視聴後に調査回答し，学校側で集約後，直接学校より回収した。調査時期は令和4年11月，有効回答数は159件であった。

中学生は，1校の対象校に在籍する1年生，2年生，3年生を対象とした（1年生82人，2年生66人，3年生92人）。回収方法は，直接対象校に調査票を配布した。生徒は，授業において，ヤングケアラーに関する関連動画を視聴後に調査回答し，学校側で集約後，直接学校より回収した。調査時期は令和4年11月，有効回答数は174件であった。

高校生は，1校に在籍する1年生，2年生，3年生の115人を対象とした。回収方法は，直接対象校に調査票を配布した。生徒は，授業において，ヤングケアラーに関する関連動画を視聴後に調査回答し，学校側で集約後，直接学校より回収した。調査時期は令和4年11月，有効回答数は102件であった。

第5章　ケアラーを社会全体で支える北海道栗山町のヤングケアラー　　*95*

(2)　ヤングケアラー及びヤングケアラー予備軍の抽出

　本調査では，質問項目の「家族の中で，あなたがお世話している人（高齢や病気，身体が不自由，きょうだいの面倒を見るなど）がいますか.」について，「いる」と回答した者をヤングケアラーとして抽出し，調査対象とした.

　また，質問項目の「近いうちに，お世話をする必要のある人がいれば，全て教えてください.」について，「いない」以外の「母親」，「父親」，「きょうだい」，「祖母（おばあさん）」，「祖父（おじいさん）」，「その他の人」と回答した者を「ヤングケアラー予備軍」として抽出し，調査対象とした. なお，ヤングケアラー予備軍については，政府を含め全国のどの自治体も調査を実施しておらず，はじめて報告される貴重な資料となるものである.

(3)　分析結果

1）どのくらいの規模でヤングケアラーがいるのか（表5-1）

　ヤングケアラーに該当する者は，小学生（9/159人　5.7%），中学生（8/174人　4.6%），高校生（4/102人　3.9%）であった. 小学生のヤングケアラー5.7%の割合は，中学生のヤングケアラー4.6%，高校生のヤングケアラー4.0%と比べ大きい. 小学生で年下のきょうだいがいる場合，世話や育児が必要な年齢の幼いきょうだいがいる場合が多いと考えられる. 小学生のヤングケアラーの割合は，中学生や高校生よりも大きいことを考慮すれば，小さい子だからケアしていない，ケアできないだろうという発想を変えていく必要があるだろう. 結果から，社会ではケアしていないだろう，ケアできないだろうと思われている小さいこどもが，さらに年少のきょうだいの世話をしている実態がうかがえる.

表5-1　ヤングケアラー

	小学生 （159人）	中学生 （174人）	高校性 （102人）	計
ヤングケアラー	9 (5.7%)	8 (4.6%)	4 (3.9%)	21 (4.8%)
非ヤングケアラー	149 (93.7%)	166 (95.4%)	98 (96.1%)	413 (94.9%)
無回答	1 (0.6%)	0 (0.0%)	0 (0.0%)	1 (0.2%)

2）どのくらいの規模でヤングケアラー予備軍がいるのか（表5-2）

ヤングケアラー予備軍に該当する者は，小学生（11/159人 6.9%），中学生（20/174人 11.5%），高校生（10/102人 9.8%）であった．全体では41人，9.4%となっており，現ヤングケアラーの2倍程度が見込まれる．全体の1割近くのこどもが，将来ヤングケアラーになる可能性の高いヤングケアラー予備軍であることが分かる．

表5-2　ヤングケアラー予備軍

	小学生 （159人）	中学生 （174人）	高校性 （102人）	計
ヤングケアラー予備軍	11 （6.9%）	20 （11.5%）	10 （9.8%）	41 （9.4%）
非ヤングケアラー予備軍	148 （93.1%）	154 （88.5%）	92 （90.2%）	394 （90.6%）

3）どのくらいの規模でヤングケアラー及びヤングケアラー予備軍がいるのか（表5-3）

ヤングケアラーとヤングケアラー予備軍を合わせると，小学生は159人中20人，12.6%，中学生は174人中28人，16.1%，高校生は102人中14人，13.0%であった．全体では435人中62人，14.3%が現ヤングケアラー及びヤングケアラー予備軍であることが分かる．ヤングケアラー予備軍も含めると，クラスに6人くらいはケアをしていたり，ケアをする可能性のあるこどもがいることになる．

表5-3　ヤングケアラー及びヤングケアラー予備軍

	小学生 （159人）	中学生 （174人）	高校性 （102人）	計
ヤングケアラー及び ヤングケアラー予備軍	20 （12.6%）	28 （16.1%）	14 （13.0%）	62 （14.3%）
非ヤングケアラー予備軍及び 非ヤングケアラー予備軍	138 （86.8%）	146 （83.9%）	88 （87.0%）	372 （85.5%）
無回答	1 （0.2%）	0 （0.0%）	0 （0.0%）	1 （0.2%）

（4） ヤングケアラーの分析結果

1） ヤングケアラーという言葉の認知度（表5-4）

「ヤングケアラーという言葉をこれまでに聞いたことがありますか」の問いについて，小学生では，ヤングケアラーは，ヤングケアラーという言葉を「聞いたことがあり，内容もよく知っている」3人，33.3％，「聞いたことはあるが，よく知らない」3人，33.3％，「聞いたことはない」3人，33.3％であった．

非ヤングケアラーは，ヤングケアラーという言葉を「聞いたことがあり，内容もよく知っている」63人，43.2％，「聞いたことはあるが，よく知らない」38人，25.5％，「聞いたことはない」48人，32.2％であった．「ヤングケアラー」と「非ヤングケアラー」で，ヤングケアラーという言葉の認知度に違いはみられない．

中学生では，ヤングケアラーは，ヤングケアラーという言葉を「聞いたことがあり，内容もよく知っている」5人，83.3％，「聞いたことはあるが，よく知らない」1人，16.6％，「聞いたことはない」0人，0％であった．

非ヤングケアラーは，ヤングケアラーという言葉を「聞いたことがあり，内容もよく知っている」84人，51.1％，「聞いたことはあるが，よく知らない」54人，31.6％，「聞いたことはない」28人，16.1％であった．「ヤングケアラー」は「非ヤングケアラー」と比べ，ヤングケアラーという言葉の認知度が高い傾向にある．

高校生では，ヤングケアラーは，ヤングケアラーという言葉を「聞いたことがあり，内容もよく知っている」0人，0％，「聞いたことはあるが，よく知らない」0人，0％，「聞いたことはない」4人，100.0％であった．

非ヤングケアラーは，ヤングケアラーという言葉を「聞いたことがあり，内容もよく知っている」38人，41.3％，「聞いたことはあるが，よく知らない」19人，20.7％，「聞いたことはない」35人，38.0％であった．「ヤングケアラー」は「非ヤングケアラー」と比べ，ヤングケアラーという言葉の認知度が低い傾向がみられる．

以上から，ヤングケアラーと非ヤングケアラーで，ヤングケアラーという言葉の認知度に一定の傾向はみられない．

表5-4　ヤングケアラーという言葉をこれまでに聞いたことがありますか

	小学生		中学生		高校生		計	
	ヤングケアラー(9人)	非ヤングケアラー	ヤングケアラー(8人)	非ヤングケアラー	ヤングケアラー(4人)	非ヤングケアラー	ヤングケアラー(21人)	非ヤングケアラー
聞いたことがあり，内容も知っている	3 (33.3%)	63 (43.2%)	5 (62.5%)	84 (50.6%)	0	38 (49.3%)	8 (38.1%)	185
聞いたことはあるが，よく知らない	3 (33.3%)	38 (25.5%)	1 (12.5%)	54 (32.5%)	0	19 (20.7%)	4 (19.0%)	111
聞いたことはない	3 (33.3%)	48 (32.2%)	0	28 (16.9%)	4 (100.0%)	35 (38.0%)	7 (33.3%)	111

注：中学生のヤングケアラー2人は無回答である．無回答は記載していない．

2）ヤングケアラーのケア実態（表5-5）

　ヤングケアラーは，誰をどのような理由で，どれくらいの期間ケアしているかを，ヤングケアラーと回答した21人を対象にみてみよう．

①小学生

　小学生では，お世話をしている人は，「きょうだい」7人，77.8％，「母親」1人，11.1％，「祖母」1人，11.1％，「祖父」1人，11.1％である．きょうだいをケアしているヤングケアラーが最も多い．

　お世話をしている人の世話が必要な理由については，「きょうだい」は，「まだ小さいため」5人，55.5％，「食事や服を着たりすることが，自分1人では，できないため」1人，11.1％，「身体や心などに「障がい」があるため」1人，11.1％である．「祖母」は「高齢のため」1人，11.1％，「祖父」は「認知症のため」1人，11.1％である．まだ幼いため世話が必要なきょうだいの世話をしているヤングケアラーが多い．

　ケアをしている年数は，「1年」2人，22.2％，「2年」2人，22.2％，「3年」1人，11.1％，「4年」2人，22.2％，「5年」2人，22.2％である．ヤングケアラーの半数近くが4～5年継続してケアしており，年数を考慮すると就学前からケアしているヤングケアラーもいることがわかる．このように，幼いきょうだいの世話をしているヤングケアラーが最も多く，ケア年数は4年から5年の長期にわたってケアをしているヤングケアラーもいる．

②中学生

　中学生では，お世話をしている人は，「きょうだい」4人，50.0％，「母親」2人，25.0％，「祖父」2人，25.0％，「祖母」1人，12.5％である．きょうだ

第5章　ケアラーを社会全体で支える北海道栗山町のヤングケアラー　　99

表5-5　ヤングケアラーのケア状況

	小学生	中学生	高校生	計
お世話をしている人				
母親	1(11.1%)	2(25.0%)	1(25.0%)	4(20.0%)
父親	0	0	0	0
きょうだい	7(77.8%)	4(50.0%)	2(50.0%)	13(65.0%)
祖母	1(11.1%)	1(12.5%)	0	2(10.0%)
祖父	1(11.1%)	2(25.0%)	0	3(15.0%)
その他	0	0	0	0
いない	0	0	0	0
無回答	0	0	1(25.0%)	1(5.0%)
世話が必要な理由				
高齢（65歳以上）のため	1(11.1%)	2(25.0%)	0	3(15.0%)
まだ小さい（幼い）ため	5(55.5%)	4(50.0%)	4(100%)	13(65.0%)
食事や服を着たりすることが，自分1人では，できないため	1(11.1%)	0	0	1(5.0%)
認知症（物事を覚えられない，忘れてしまう）ため	2(22.2%)	1(12.5%)	0	3(15.0%)
身体や心などに「障がい」があるため	1(11.1%)	1(12.5%)	0	2(10.0%)
お酒などを止められなくなってしまっているため	0	0	0	0
病気やけがのため	0	1(12.5%)	0	1(5.0%)
ケア年数				
1年	2(22.2%)	1(12.5%)	1(25.0%)	―
2年	2(22.2%)	1(12.5%)	1(25.0%)	―
3年	1(11.1%)	1(12.5%)	0	―
4年	2(22.2%)	1(12.5%)	1(25.0%)	―
5年	2(22.2%)	0	0	―
6年	0	0	0	―
7年	0	1(12.5%)	0	―
8年	0	1(12.5%)	0	―
無回答	0	1(12.5%)	1(25.0%)	―

注：ケア年数は，「お世話は，あなたが何才の頃からしていますか」の問について，回答の年数から11年を引いた年数を「ケア年数」として集計した．

いのケアをしているヤングケアラーが多い．

　お世話をしている人の世話が必要な理由については，「きょうだい」は，「まだ小さいため」4人，50.0％である．「母親」は「高齢のため」，1人，12.5％，「病気やけがのため」1人，12.5％，「祖母」は「高齢のため」1人，12.5％，「病気やけがのため」1人，12.5％，「祖父」は「高齢のため」2人，25.0％，「病気やけがのため」1人，12.5％である．きょうだいの世話は幼いことを理由に，母親や祖父母は病気や高齢を理由にケアしている．

ケアをしている年数は、「1年」1人、12.5％、「2年」1人、12.5％、「3年」1人、12.5％、「4年」1人、12.5％、「7年」1人、12.5％、「8年」1人、12.5％である。ケアしている年数にばらつきはあるが、ケア年数が、7年、8年の長期にわたっているこどももいるなど、小学生の時から継続して長期間ケアしているヤングケアラーがいることもわかる。

③高校生

高校生では、お世話をしている人は、「きょうだい」2人、50.0％、「母親」1人、25.0％である。お世話をしている人の世話が必要な理由については、「まだ小さいため」4人、100.0％である。ケアをしている年数は、「1年」1人、25.0％、「2年」1人、25.0％、「4年」1人、25.0％、「無回答」1人、25.0％である。小学生や中学生と比べ、長期間のケアは少ない傾向がうかがえる。

3）ケアすることによる影響（表5-6）

小学生、中学生では問11、高校生では問12の質問で「あなたは、お世話をしていて、次のようなことはありますか。」について、回答肢の1．学校を休んでしまう、2．学校を遅刻・早退してしまう、3．勉強する時間が取れない、4．眠る時間が足りない、5．友だちと遊べないことがある、6．習い事が思うようにできない、7．自分の自由な時間が取れない、8．自分が自由に過ごせる場所がない、9．学校のことを「どうでもいい」と思うことがある、10．1〜9に当てはまることはほとんどないのうち、1〜9に回答した者を「ケアすることによる影響あり群」、10に回答した者を「ケアすることによる影響なし群」にカテゴリーした。

また、「ケアすることによる影響あり群」と「ケアすることによる影響なし群」について、ケアすることによって影響がでている児童の属性を、家族構成と「誰をケアしているか」についてみてみた。

①小学生

学習や生活面に影響がある児童は5人、55.6％、影響がない児童は4人、44.4％である。ヤングケアラーの半数以上は、学習や生活面に影響がでている。家族構成は、母親5人、55.6％、父親4人、44.4％、きょうだい5人、55.6％、祖母3人、33.3％、祖父1人、11.1％である。全員にきょうだいがいる。また、ケアしている人は、きょうだい3人、33.3％、母親、祖父母がそれぞれ1人で

第5章　ケアラーを社会全体で支える北海道栗山町のヤングケアラー　　*101*

表5-6　ケアすることによる影響（人・%）

	小学生		中学生		高校生	
	影響あり群	影響なし群	影響あり群	影響なし群	影響あり群	影響なし群
対象数	5	4	3	3	4	1
一緒に住んでいる人						
母親	5(55.6)	4(44.4)	2(33.3)	3(50.0)	3(75.0)	1(25.0)
父親	4(44.4)	4(44.4)	1(16.6)	3(50.0)	2(50.0)	1(25.0)
きょうだい	5(55.6)	4(44.4)	3(50.0)	2(33.3)	2(50.0)	0(0.0)
祖父	3(33.3)	0(0.0)	1(16.6)	1(16.6)	1(25.0)	1(25.0)
祖母	1(1.1)	0(0.0)	1(16.6)	1(16.6)	1(25.0)	1(25.0)
その他	0(0.0)	0(0.0)	1(16.6)	0(0.0)	0(0.0)	0(0.0)
ケアしている人						
母親	1(11.1)	0(0.0)	1(16.6)	0(0.0)	1(25.0)	0(0.0)
父親	0(0.0)	0(0.0)	0(0.0)	0(0.0)	0(0.0)	0(0.0)
きょうだい	3(33.3)	4(44.4)	2(33.3)	2(33.3)	2(50.0)	0(0.0)
祖父	1(11.1)	0(0.0)	1(16.6)	0(0.0)	0(0.0)	0(0.0)
祖母	1(11.1)	0(0.0)	1(16.6)	1(16.6)	0(0.0)	0(0.0)
その他	0(0.0)	0(0.0)	0(0.0)	0(0.0)	0(0.0)	0(0.0)
無回答	0(0.0)	0(0.0)	0(0.0)	0(0.0)	1(25.0)	1(25.0)

ある．ケアしている理由は，「まだ幼いため」2人，22.2%，「食事や服を着たりすることが，自分1人では，できないため」1人，11.1%，「高齢のため」1人，11.1%，「認知症のため」2人，22.2%である．幼いきょうだいの日常の世話をしていることが分かる．

②中学生

学習や生活面に影響がある生徒は3人，50.0%，影響がない生徒は3人，50.0%である．ヤングケアラーの4割近くが学習や生活面に影響がでている．家族構成は，母親2人，33.3%，父親1人，16.6%，きょうだい3人，50.0%，祖母1人，16.6%，祖父1人，16.6%である．ケアしている人は，母親1人，16.6%，祖父1人，16.6%，祖母1人，16.6%である．ケアしている理由は，「まだ幼いため」2人，33.3%，「高齢のため」1人，16.6%，「病気やケガのため」1人，16.6%である．ケアすることによって影響がでている生徒の家族構成やケアしている理由は多様であり，一定の傾向はみられない．

③高校生

学習や生活面に影響がある生徒は4人，100.0%，影響がない生徒は1人，

25.0％である（ただし，「影響がある」と「ない」の両方に該当すると回答した者が1名
いるため，数値が総数と合致しない）．家族構成は，母親3人，75.0％，父親2人，
50.0％，きょうだい2人，50.0％，祖母1人，25.0％，祖父1人，25.0％であ
る．ケアしている人は，きょうだい2人，50.0％，母親1人，25.0％，無回答
1人，25.0％である．

4）ヤングケアラーはなぜ相談しないのか（表5-7）
ヤングケアラーはなぜ相談しないのかを検討してみたい．

①ケアの悩みの相談の有無（表5-7-1）
「ケアの悩みを誰かに相談したことはあるか」についてみてみたい．「ケアの
悩みを誰かに相談したことはあるか」について，小学生は，「ある」1人，11.1％，
「ない」7人，77.8％，「無回答」1人，11.1％，中学生は，「ある」1人，14.3％，
「ない」5人，71.4％，「無回答」1人，14.3％，高校生は，「ある」1人，25.0％，
「ない」3人，75.0％，「無回答」0人，0.0％で，合計では，「ある」3人，15.0％，
「ない」15人，75.0％，「無回答」2人，10.0％であった．小学生，中学生，高
校生ともに，ほとんどのこどもがケアについて誰にも相談したことはないとい
う結果である．

表5-7-1　ケアの悩みを誰かに相談したこ
とはあるか（人・%）

	小学生	中学生	高校生	合計
ある	1(11.1)	1(14.3)	1(25.0)	3(15.0)
ない	7(77.8)	5(71.4)	3(75.0)	15(75.0)
無回答	1(11.1)	1(14.3)	0(0.0)	2(10.0)

②相談した相手（表5-7-2）
ケアについて誰かに相談したことがある者について，誰に相談したかを見る
と，全員が「家族」という回答であった．専門職を含め学校や友人，公的機関，
地域の誰かに相談した者はおらず，ケアを家族内にとどめている現状がうかが
える．

第 5 章　ケアラーを社会全体で支える北海道栗山町のヤングケアラー　*103*

表 5-7-2　相談した相手（複数回答）（人・%）

	小学生	中学生	高校生	合計
家族	1(100.0)	1(100.0)	1(100.0)	1(100.0)
親戚の人	0(0.0)	0(0.0)	0(0.0)	0(0.0)
友だち	0(0.0)	0(0.0)	0(0.0)	0(0.0)
学校関係者				
保健室の先生	0(0.0)	0(0.0)	0(0.0)	0(0.0)
保健室以外の学校の先生	0(0.0)	0(0.0)	0(0.0)	0(0.0)
スクールカウンセラー	0(0.0)	0(0.0)	0(0.0)	0(0.0)
行政・公的機関				
相談窓口（電話）	0(0.0)	0(0.0)	0(0.0)	0(0.0)
相談窓口（SNS・メール）	0(0.0)	0(0.0)	0(0.0)	0(0.0)
栗山町役場の人(福祉関係)	0(0.0)	0(0.0)	0(0.0)	0(0.0)
医師や看護師	0(0.0)	0(0.0)	0(0.0)	0(0.0)
地域				
近所の人	0(0.0)	0(0.0)	0(0.0)	0(0.0)
その他				
SNS 上での知り合い	0(0.0)	0(0.0)	0(0.0)	0(0.0)
その他	0(0.0)	0(0.0)	0(0.0)	0(0.0)

③誰にも相談しない理由（表 5-7-3）

　誰にも相談しない理由としては，家族のことを知られたくない，そもそも自分がしているケアが誰かに相談するほどの内容ではないと捉えている傾向にある．ヤングケアラーは，友達や学校にはケアしていることを知られたくないという思いがある．また専門職や行政・公的機関の相談窓口にも相談しないという実態もあり，こうした傾向を踏まえた支援策を検討する必要があることが示唆される．

表 5-7-3　誰にも相談しない理由（人・%）

	小学生	中学生	高校生	合計
誰かに相談するほどの悩みではないから	3(42.9)	3(60.0)	2(66.7)	8(53.3)
誰に相談すれば良いのか分からないから	1(14.3)	0(0.0)	0(0.0)	1(6.7)
相談できる人が身近にいないから	1(14.3)	0(0.0)	0(0.0)	1(6.7)
自分の家族のことなので話しにくいから	2(28.6)	0(0.0)	1(33.3)	3(20.0)
自分の家族のことを知られたくないから	1(14.3)	0(0.0)	1(33.3)	2(13.3)
相談しても，何も変わらないから	1(14.3)	1(20.0)	1(33.3)	3(20.0)
相談する相手を困らせたくないから	0(0.0)	1(20.0)	1(33.3)	2(13.3)
その他	2(28.6)	0(0.0)	0(0.0)	2(13.3)

(5) ヤングケアラー予備軍の分析 (表5-8)

1) ケアすることに対する不安, ケアに対する捉え方

ヤングケアラー予備軍を対象に, ケアすることに対する不安, ケアに対する捉え方について分析を行った.

①小学生

ヤングケアラー予備軍11人 (全体占める割合6.9%) を対象に分析を行った.

・ヤングケアラー予備軍の児童は, ケアに対して不安を感じているか

「お世話をすることに不安がありますか.」の質問について,「ある」3人, 27.3%,「ない」7人, 63.6%, 無回答1人 (9.1%) である. ケアに対して不安を感じていないヤングケアラー予備軍が多い.

・ケアすることへの不安の内容

ケアすることに不安を感じているヤングケアラー予備軍は, どのような内容の不安を感じているかについては,「自分の自由な時間が取れなくなるのではないか」2人, 18.2%,「学校を休んでしまうのではないか」,「学校を遅刻・早退してしまうのではないか」,「勉強する時間が取れなくなるのではないか」,「眠る時間が足りなくなるのではないか」,「友だちと遊べないことがあるのではないか」,「親やきょうだいが忙しくなるのではないか」,「何をしていいのかわからない」,「これからどうなるのかよくわからない」がそれぞれ1人, 9.1%である. ヤングケアラー予備軍の児童の3割弱はケアに対して不安を感じており, 不安の内容は生活や学習のこと等多岐にわたる.

・ケアに不安を感じていない児童は, ケアすることをどのように感じているか
  (自由記述)

「すごくいいと思う」,「何も思わない」,「困らないようにしたりする」,「自分じゃできないからお世話をしてもらったりしているから, 自分だったら少し困ることがあるかもしれないけど自分から進んで手伝ってあげたいです. 友達と遊びたいけど困っている人を助けるのを優先したいと思います. 嫌ではないです.」,「助かる」,「少しやってみたいけど, めっちゃやりたいというわけでもない」,「人を助けてあげること」等の自由記述がみられた. ヤングケアラー予備軍の児童であっても, ケアに不安を感じていない児童は, ケアすることに対しておおむね肯定的なイメージを持っていることがわかる.

第5章　ケアラーを社会全体で支える北海道栗山町のヤングケアラー　　*105*

表5-8　ヤングケアラー予備軍の分析 (人・%)

	小学生	中学生	高校生
世話することに不安があるか			
ある	3(27.3)	10(50.0)	5(50.0)
ない	7(63.6)	9(45.0)	5(50.0)
無回答	1(9.1)	1(5.0)	0
不安がある人 **(不安の理由)**			
学校を休んでしまうのではないか	1(9.1)	1(5.0)	0(0.0)
学校を遅刻・早退してしまうのではないか	1(9.1)	3(15.0)	0(0.0)
勉強する時間が取れなくなるのではないか	1(9.1)	2(10.0)	0(0.0)
眠る時間が足りなくなるのではないか	1(9.1)	3(15.0)	1(10.0)
友だちと遊べないことがあるのではないか	1(9.1)	2(10.0)	0(0.0)
習い事が思うようにできなくなるのではないか	0(0.0)	2(10.0)	0(0.0)
自分の自由な時間が取れなくなるのではないか	2(18.2)	4(20.0)	2(20.0)
親やきょうだいが忙しくなるのではないか	1(9.1)	2(10.0)	0(0.0)
何をしていいのかわからない	1(9.1)	6(30.0)	3(30.0)
これからどうなるのかよくわからない	1(9.1)	3(15.0)	2(20.0)
その他	0(0.0)	0(0.0)	0(0.0)
不安がない人 **(ケアすることをどのように思っているか)**	すごくいいと思う　1(9.1)	お世話をしたら，その人が少しでも長生きできると思う　1(5.0)	あたりまえなこと　1(10.0)
	何も思わない　1(9.1)	その人がこの先も生きていくうえで必要なこと　1(5.0)	自分が全力で支えたいと思う．1(10.0)
	困らないようにしたりする　1(9.1)	とても大変なことだけど大切なことだと思います　1(5.0)	大変
	自分じゃできないからお世話をしてもらったりしているから，自分だったら少し困ることがあるかもしれないけど自分から進んで手伝ってあげたいです．友達と遊びたいけど困っている人を助けるのを優先したいと思います．嫌ではないです．　1(9.1)	悪いことではないけど，自分の心と向き合うことができなくなる　1(5.0)	とても大変で丁寧にしなければならないこと　1(10.0)
	助かる　1(9.1)	支えてもらった人を次は自分が支えるという恩返しができる　1(5.0)	無回答　1(10.0)
	少しやってみたいけど，めっちゃやりたいというわけでもない　1(9.1)	自分にとっても大事なことだと思います　1(5.0)	
	人を助けてあげること　1(9.1)	無回答　3(15.0)	
	無回答　0(0.0)		

②中学生

ヤングケアラー予備軍20人（全体に占める割合11.5%）を対象に分析を行った．

・ヤングケアラー予備軍の生徒は，ケアに対して不安を感じているか

「お世話をすることに不安がありますか．」で「ある」10人，50.0%，「ない」
9人，45.0%，「無回答」1人，5.0%である．中学生のヤングケアラー予備軍
は，ケアに対して不安を感じている者が多く，小学生27.3%と比べ多い．

・ケアすることへの不安の内容

ケアすることに不安を感じているヤングケアラー予備軍は，どのような内容
の不安を感じているかについては，「何をしていいのかわからない」6人，30.0%，
「自分の自由な時間が取れなくなるのではないか」4人，20.0%，学校を遅刻・
早退してしまうのではないか」3人，15.0%，「眠る時間が足りなくなるので
はないか」3人，15.0%，「これからどうなるのかよくわからない」3人，15.0%，
「勉強する時間が取れなくなるのではないか」2人，10.0%，「友だちと遊べな
いことがあるのではないか」2人，10.0%，「習い事が思うようにできなくな
るのではないか」2人，10.0%，「親やきょうだいが忙しくなるのではないか」
2人，10.0%，「学校を休んでしまうのではないか」1人，5.0%である．ヤン
グケアラー予備軍の半数はケアすることへの不安を感じており，不安の内容は，
自分の時間が持てるかどうかや学習のこと等多岐にわたる．

・ケアに不安を感じていない生徒は，ケアすることをどのように感じているか

　（自由記述）

「お世話をしたら，その人が少しでも長生きできると思う」，「その人がこの
先も生きていくうえで必要なこと」，「とても大変なことだけど大切なことだと
思います」，「悪いことではないけど，自分の心と向き合うことができなくなる」，
「支えてもらった人を次は自分が支えるという恩返しができる」，「自分にとっ
ても大事なことだと思います」等自由記述がみられた．ヤングケアラー予備軍
であっても，ケアに不安を感じていない生徒は，小学生と同様にケアすること
に対して正のイメージを描けていることがわかる．

③高校生

ヤングケアラー予備軍10人（全体に占める割合は9.8%）を対象に分析を行った．

・ヤングケアラー予備軍の生徒は，ケアに対して不安を感じているか

「お世話をすることに不安がありますか．」で「ある」5人，50.0％，「ない」5人，50.0％である．

・ケアすることへの不安の内容

「何をしていいのかわからない」3人，30.0％，「自分の自由な時間が取れなくなるのではないか」2人，20.0％，「これからどうなるのかよくわからない」2人，20.0％，「眠る時間が足りなくなるのではないか」1人，10.0％である．

・ケアに不安を感じていない生徒は，ケアすることをどのように感じているか
（自由記述）

「あたりまえなこと」，「自分が全力で支えたいと思う」，「大変」，「とても大変で丁寧にしなければならないこと」等の自由記述がみられた．

2）「普段の生活に悩みや困りごとがある」ヤングケアラー予備軍はどれくらいいるか（表5-9）

ヤングケアラー予備軍を対象に，「普段の生活に悩みや困りごとがある」児童・生徒はどれくらいいるかを分析した．

①小学生

「ヤングケアラー予備軍」10人のうち，「普段の生活に悩みや困りごとがある」児童はどれくらいいるかについて，10人中8人（72.7％）が悩みや困りごとがあると回答し，その内容は，「将来（進路）のこと」4人，36.4％，「自分に自信が持てないこと」4人　36.4％，「友達関係のこと」3人，27.3％，「家庭の金銭のこと」1人，9.1％，「家族内の人間関係のこと（両親の仲が良くないなど）」1人，9.1％である．ヤングケアラー予備軍の児童は，普段の生活に悩みがある児童が多く，将来（進路）や，自分に自信が持てないことで悩んでいる者が多い．

②中学生

ヤングケアラー予備軍20人のうち，「普段の生活に悩みや困りごとがある」生徒はどれくらいいるかについて，20人中12人（60.0％）が悩みや困りごとがあると回答し，その内容は，「自分に自信が持てないこと」8人，40.0％，「学校の成績のこと」7人，35.0％，「将来（進路のこと）」6人，30.0％，「自分と

表5-9　ヤングケアラー予備群の生活での悩み・困りごと（人・%）

	小学生	中学生	高校生
対象数	10	20	10
友だち関係のこと	3(27.3)	3(15.0)	2(20.0)
学校の成績のこと	1(9.1)	7(35.0)	1(10.0)
将来（進路）のこと	4(36.4)	6(30.0)	4(40.0)
塾や習い事ができないこと	0(0.0)	0(0.0)	0(0.0)
家庭の金銭のこと	1(9.1)	2(10.0)	3(30.0)
自分と家族との関係のこと	0(0.0)	3(15.0)	1(10.0)
家族内の人間関係のこと（両親の仲が良くないなど）	1(9.1)	2(10.0)	0(0.0)
自分のために使える時間が少ないこと	0(0.0)	2(10.0)	1(10.0)
自分が自由に過ごせる場所がないこと	0(0.0)	0(0.0)	1(10.0)
自分に自信が持てないこと	4(36.4)	8(40.0)	3(30.0)
選択肢1～10に回答した人の数	8(72.7)	12(60.0)	6(60.0)
特にない	2(18.2)	8(40.0)	4(40.0)

注：小学生のヤングケアラー予備軍のうち1名は現ヤングケアラーであると回答したため削除した.

家族との関係のこと」3人，15.0%，「友達関係のこと」3人，15.0%，「家庭の金銭のこと」2人，10.0%，「自分のために使える時間が少ないこと」2人，10.0%，「家族内の人間関係のこと（両親の仲が良くないなど）」2人，10.0%である．ヤングケアラー予備軍は，自分に自信が持てないことや，進路，成績のことで悩みを抱える者が多い傾向にある．

③高校生

　ヤングケアラー予備軍10人について，「普段の生活に悩みや困りごとがある」生徒はどれくらいいるかについて，10人中6人（60.0%）が悩みや困りごとがあると回答し，その内容は，「将来（進路）のこと」4人，40.0%，「家庭の金銭のこと」3人，30.0%，「自分に自信がもてないこと」3人，30.0%，「友達関係のこと」2人，20.0%，「学校の成績のこと」1人，10.0%，「自分と家族との関係のこと」1人，10.0%，「自分のために使える時間が少ないこと」1人，10.0%，「自分が自由に過ごせる場所がないこと」1人，10.0%である．高校生のヤングケアラー予備軍は，進路のことが一番の悩み事になっている様

表5-10 ヤングケアラーという言葉の認知度と困りごととの関係（人・%）

	小学生 11		中学生 20		高校生 10	
困りごとの有無	あり 9	なし 2	あり 12	なし 8	あり 6	なし 4
ヤングケアラーという言葉の認知度						
聞いたことがあり，内容も知っている	5(45.5)	1(9.1)	6(30.0)	4(20.0)	3(30.0)	1(10.0)
聞いたことはあるが，よく知らない	3(27.3)	0(0.0)	5(25.0)	3(15.0)	1(10.0)	3(30.0)
聞いたことはない	1(9.1)	1(9.1)	1(5.0)	1(5.0)	2(20.0)	0(0.0)
無回答	0(0.0)	0(0.0)	0(0.0)	0(0.0)	0(0.0)	0(0.0)

子がうかがえる.

3）ヤングケアラーという言葉の認知度と困りごととの関係（表5-10）

①分析方法

　ヤングケアラー予備軍は，ヤングケアラーという言葉の認知度の違いにより，困りごとの有無に違いがあるのかを分析するために，ヤングケアラー予備軍を母数として，ヤングケアラーという言葉の認知度と，「困りごとがある群」と「困りごとがない群」のクロス集計分析を行った．小学生・中学生は問17，高校生は問18について，回答1〜6の人を母数として，小学生・中学生は問21，高校生は問22と1）のクロス集計分析を行った．

　小学生・中学生は問22，高校生は問23の「困っていることはありますか」について，回答肢の1〜11までを「困りごとあり」のカテゴリーとし，12の「困りごとなし」の2つのカテゴリー群と，小学生・中学生は問21，高校生は問22のクロス集計分析を行った．

②結果

　小学生で，「普段の生活で困りごとあり」で，「ヤングケラーという言葉を聞いたことがあり，内容もよく知っている」は5人，「聞いたことはあるが，よく知らない」は3人，「聞いたことはない」1人であった．「普段の生活で困りごとなし」では，「ヤングケラーという言葉を聞いたことがあり，内容もよく知っている」は1人，「聞いたことはあるが，よく知らない」は0人，「聞いたことはない」1人であった．

　中学生で，「普段の生活で困りごとあり」で，「ヤングケラーという言葉を聞

いたことがあり，内容もよく知っている」は6人，「聞いたことはあるが，よく知らない」は5人，「聞いたことはない」1人であった．「普段の生活で困りごとなし」では，「ヤングケアラーという言葉を聞いたことがあり，内容もよく知っている」は4人，「聞いたことはあるが，よく知らない」は3人，「聞いたことはない」1人であった．

高校生で，「普段の生活で困りごとあり」で，「ヤングケアラーという言葉を聞いたことがあり，内容もよく知っている」は3人，「聞いたことはあるが，よく知らない」は1人，「聞いたことはない」2人であった．「普段の生活で困りごとなし」では，「ヤングケアラーという言葉を聞いたことがあり，内容もよく知っている」は1人，「聞いたことはあるが，よく知らない」は3人，「聞いたことはない」0人であった．

ヤングケアラー予備軍を対象に，ヤングケアラーという言葉の認知度の違いにより，普通の生活で困りごとがあるかないかの違いを分析した結果，統計上有意な違いは見られないという結果を得た．

お わ り に

栗山町がはじめて行った「ヤングケアラーの実態調査」では，これまでスポットの当たらなかったさまざまな課題が浮き彫りになった．小学生の5.7%（約17人に1人），中学生の4.6%（約22人に1人），高校生の3.9%（約27人に1人）が「世話をしている家族がいる」と回答した．国が行った調査では[14]，小学6年生の6.5%，中学2年生の5.7%，高校2年生の4.1%が「世話をしている家族がいる」と回答しており，全国と比べると少ないが，1学級に1〜2人のヤングケアラーが存在していることが分かった．

将来ヤングケアラーになる可能性の高い「ヤングケアラー予備軍」は，小学生の6.9%，中学生の11.5%，高校生の9.8%に上っており，現ヤングケアラーとヤングケアラー予備軍を合わせると，小学生の12.6%，中学生の16.1%，高校生の13.0%が家族のケアをしていたり，ケアをする可能性が高いことが分かった．

1学級に5〜6人のヤングケアラー及びヤングケアラー予備軍が存在していることになり，常に「ヤングケアラーかもしれない」という視点を持つことの重要性が改めて認識できた．また，全国と比べて，自分に自信が持てないこと

を悩んでいるヤングケアラーが多いのも特徴である．幼い頃の環境として，家族のケアとの関連で自己肯定感が低くなっているかどうかは，さらに詳細な調査が必要である．

　一方で，栗山町が取り組んできたケアラー支援の取組が，こどもたちにも根付いてきていることが，ヤングケアラーのアンケート調査から伺える．ヤングケアラー予備軍であっても，ケアに不安を感じていないこどもは，介護や福祉に肯定的なイメージを持っている傾向が分かった．これは栗山町におけるケアラー支援条例の制定に基づくケアラー支援の理念や取り組みが，こどもを含めた町民に広く理解され，浸透してきていることに他ならないと考える．ヤングケアラー支援をケアラー支援から切り離さず，ヤングケアラーも含めたケアラー支援全体の中でヤングケアラーの支援を行っていくことの意義が，栗山町のアンケート調査結果から確認できる．

　「ヤングケアラーは，なぜ相談しないのか」．これは，介護や障がい，病気などに社会が偏見をもっているからではないだろうか．介護や障がいなどの正しい知識を持ち，介護や障がいに対して差別や偏見が生まれない社会であれば，ヤングケアラーも家族の病気や障がい，ケアのことなどを家族以外の誰かに話しやすくなるのではないだろうか．介護や障がいなどでケアされる側もケアする側も双方を尊重する文化を根付かせることが，持続性かつ実効性のあるヤングケアラー支援につながっていくと言えよう．

注
1）町勢情報〈https://www.town.kuriyama.hokkaido.jp/uploaded/attachment/10463.pdf〉（2024年7月19日最終アクセス）．
2）同上．
3）北海道介護福祉学校ホームページ〈https://www.town.kuriyama.hokkaido.jp/site/kaigofukushi/6839.html〉（2024年7月31日最終アクセス）．
4）北海道介護福祉学校ホームページ〈https://www.town.kuriyama.hokkaido.jp/site/kaigofukushi/1834.html〉（2024年7月19日最終アクセス）．
5）令和5年1月30日に栗山町福祉課から提供を受けた．
6）栗山町ケアラー支援条例〈https://www.town.kuriyama.hokkaido.jp/uploaded/life/15223_19163_misc.pdf〉（2024年7月31日最終アクセス）．
7）逐次解説〈https://www.town.kuriyama.hokkaido.jp/uploaded/life/15223_19345_misc.pdf〉（2024年7月31日最終アクセス）．
8）令和5年1月30日に栗山町福祉課から提供を受けた資料による．
9）同上．

10) 写真5-1～5-3は，筆者が2022年5月11日に栗山町を訪問した際に撮影した写真である．

11) 栗山町ケアラー支援推進計画〈https://www.town.kuriyama.hokkaido.jp/soshiki/43/15335.html〉（2024年7月31日最終アクセス）．

12) 令和5年1月30日に栗山町福祉課から提供を受けた資料による．

13) 栗山町のヤングケアラー調査アンケートの結果は下記に公表されている．〈https://www.town.kuriyama.hokkaido.jp/soshiki/43/20315.html〉（2024年7月31日最終アクセス）．

14) 日本総合研究所「ヤングケアラーの実態に関する調査研究報告書」2022〈https://www.jri.co.jp/MediaLibrary/file/column/opinion/detail/2021_13332.pdf〉（2024年7月19日最終アクセス）．

第6章

切れ目のないこども・若者支援で
ケアラーを支える埼玉県上尾市

はじめに

　ヤングケアラーについては，家庭内の問題は見えにくく，見せようとしないこと，本人や家族に自覚がないなどといった理由から，支援が必要でも表面化しにくい構造となっており，ヤングケアラーを早期に発見した上で必要な支援につなげることが課題となっている．そこで，ヤングケアラーをどう発見すればよいのか，ヤングケアラーとつながるためにはどうすればよいかは，支援者にとって優先的な課題であると言えよう．

　そもそも，ヤングケアラーはなぜ相談しないのだろうか．国の調査でも[1]，ヤングケアラーは，世話について家族以外に相談する者は少なく，周りの人に頼るという経験をもてずに，課題を抱え込んでいる実態が明らかになっている．また，本人や家族にヤングケアラーという自覚がない者も多く，周りの人がどのようにヤングケアラーを早期に発見するかも難しい．

　本章では，これらの課題にどのように取り組めばよいかを検討するために，上尾市のヤングケアラー実態調査の結果を用いて，「本人や家族にヤングケアラーという自覚がない者」の特徴を明らかにすることで，自覚がないヤングケアラーへの支援のあり方について検討する．また，「ヤングケアラーはなぜ相談しないのか」についても，その要因を検証することで，ヤングケアラーが必要な支援につながるための方策について検討する．

1　上尾市の概況

(1)　地勢・人口

　上尾市は，首都東京から35kmの距離にあり，埼玉県の南東部に位置している[2]．東は伊奈町と蓮田市に，南はさいたま市に，西は川越市と川島町に，北は桶川市と隣接している．昭和30年1月1日，上尾町，平方町，原市町，大石村，上平村，大谷村の3町3村が合併して上尾町になり，3年後の昭和33年7月15日の市制施行で上尾市が誕生した．当時，人口は約3万7000人であったが，地理的条件の良さに国の高度経済成長政策も加わり，田園都市から工業都市，そして住宅都市へと変貌を重ね，2023（令和5）年5月1日時点で，人口は日本人人口22万5656人，外国人人口4552人で23万人を超える．首都圏にありながら

自然と調和した埼玉県の中核をなす都市へと発展してきた.

　市内にはJR高崎線の上尾駅，北上尾駅があるほか，市東部には埼玉新都市交通（ニューシャトル）の原市駅，沼南駅がある．また，市内を貫通する国道17号の上尾道路が2016（平成28）年に開通し，首都圏中央連絡自動車道（圏央道）へのアクセスが大幅に向上するなど，交通利便性の高い地域となっている.

　産業構造については，第3次産業の就業人口割合が全体の7割近くを占めており，主要な産業となっている．第1次産業，第2次産業の就業者割合が微減傾向にある一方，第3次産業に従事する人の割合は微増している.

(2)　教育・子育て

　年齢3区分別人口比の推移（平成17（2005）年～平成27（2015）年）を見ると[3]，年少人口（0～14歳）が14.6%から12.8%へと1.8ポイント，生産年齢人口（15～64歳）が69.1%から61.7%へと7.4ポイント減少する一方，老年人口（65歳以上）は16.1%から25.6%へと約1.5倍に増加しており，少子高齢化が進行していると考えられる．他方，社会増減については，年によって大きく異なるものの，おおむね転入者数が転出者数を上回る社会増の傾向が続いている.

　一般世帯に占める18歳未満のこどもがいる世帯の割合は，平成7年35.6%から平成27年にかけて23.3%と12.3ポイント低下している．母子世帯数は，平成7年から平成27年にかけて増加傾向で推移しており，平成27年で1265世帯となっている．一般世帯数に対する母子世帯の割合は，平成27年で1.39%となっており，埼玉県を上回る割合となっている.

　平成31年4月現在，市内には，幼稚園が18園（私立17園，市立1園），保育所（園）が36園（私立21園，市立15園），私立認定こども園が4園あり，約7000人の園児が在籍しているほか，市内20カ所で地域型保育を実施しており，約300人が利用している．幼稚園における児童数は減少傾向で推移しているが，児童人口の減少や幼稚園の認定こども園への移行，女性就業率の上昇に伴う保育ニーズの増加等が影響している.

　子育て支援体制としては，妊活・妊娠から子育て期にわたるまでのさまざまなニーズに対応できるよう，市内3カ所に「子育て世代包括支援センター」を開設している．各センターには，助産師などの資格を持つ専任のコーディネーターがおり，妊娠・出産，育児に関する悩みごとの相談や各種手続きの案内など関係機関と連係しながらサポートしている．この「あげお版ネウボラ」では，

妊活・妊娠から子育て期にわたる切れ目のない支援が特徴である.

また上尾市では,子どもから若者までを切れ目なく支援する体制を整備している点が特徴である.子育て家庭のワンストップ相談窓口として開設されている「子ども家庭総合支援センター」では,妊産婦の心配事や家庭でのこどものしつけ,行動に関する子育ての悩みなど妊娠期から子育て期の相談,引きこもりなどの若者に関する相談に,専門の相談員がワンストップで対応する.

ヤングケアラーと若者ケアラー支援においても,18歳未満を対象とするヤングケアラーと18歳以降の若者ケアラーとの切れ目のない支援が課題となっており,上尾市で整備されているこどもと若者の切れ目のないワンストップ型の支援体制の活用が期待される.また,「子ども・若者ケアラー支援条例」が2023年7月1日より施行され,市報等でのヤングケアラーの広報,啓発も進んでいる.

2 上尾市のヤングケアラーの実態

(1) データ及び分析対象

上尾市では,ヤングケアラーと思われる児童・生徒に関する状況を把握することで,早期に発見し,必要な支援につなげる仕組みづくりを検討することを目的として,アンケート調査を実施した.実施時期は,令和4年9月12日〜令和4年10月7日（期間内に回答）である.実施方法は小学生調査,中学生調査ともに,ICT端末を使用した,WEBフォーマットによるアンケート調査を行った.

調査対象は,上尾市内小学4〜6年生の全児童5454人と,上尾市内中学1〜3年生の全生徒5650人である.有効回答数は小学生4329人,中学生5017人で,有効回収率は,小学生79.4%,中学生88.8%であった.この個票データを用いて,ヤングケアラーの実態を二次分析した.用いるデータは,「上尾市ヤングケアラー実態調査」[4]における個票データを匿名化したものである.

(2) 「ヤングケアラー」,「本人にヤングケアラーという自覚がない者」の抽出
1)「ヤングケアラー」の抽出

質問項目の「あなた自身は「ヤングケアラー」にあてはまると思いますか.」について,「あてはまる」と回答した者と,「わからない」と回答した者のうち,

質問項目の「家族の中にあなたがお世話をしている人がいますか.」について「いる」と回答した者を「ヤングケアラー」として抽出し，そのほかを「非ヤングケアラー」とし，分析を行うこととする.

2）「本人にヤングケアラーという自覚がない者」の抽出

質問項目の「あなた自身は「ヤングケアラー」にあてはまると思いますか.」について，「わからない」と回答した者のうち，質問項目の「家族の中にあなたがお世話をしている人がいますか.」について「いる」と回答した者を「本人にヤングケアラーという自覚がない者（以下，自覚がない者）」として抽出し，分析を行うこととする.

（3）　どのくらいの規模でヤングケアラーがいるのか（表6-1）

ヤングケアラーに該当する者は，小学生303人（7.0％），中学生217人（4.3％）であった．全国調査の結果では小学生6.5％，中学生5.7％であり，全国調査の結果と比べ，小学生のヤングケアラーの割合が高い．小学生では，クラスに2人から3人くらいはヤングケアラーがいることになる.

「あなた自身は「ヤングケアラー」にあてはまると思いますか」について，「あてはまる」は小学生76人（1.8％），中学生34人（0.7％），「あてはまらない」は小学生3312人（76.5％），中学生3798人（75.7％），「わからない」は小学生828人（19.1％），中学生1107人（22.1％）であった.

次に，「家族の中にあなたがお世話をしている人はいるか」について，小学生は「いる」555人（12.8％），「いない」3701人（85.5％），無回答73人（1.7％），中学生は「いる」350人（7.0％），「いない」4610人（91.9％）であった.

ヤングケアラーに当てはまると回答した，小学生76人（1.8％），中学生34人（0.7％）と，分からないと回答した生徒のうち，「家族の中にあなたがお世話をしている人はいるか」について「いる」と回答した生徒を合わせた，小学生303人（7.0％），中学生217人（4.3％）をヤングケアラーとして抽出した.

表6-1　ヤングケアラー

	小学生 （4,329人）	中学生 （5,017人）	計
ヤングケアラー	303(7.0％)	217(4.3％)	520(5.6％)
非ヤングケアラー	4,026(93.0％)	4,800(95.7％)	8,826(94.4％)

（4） 家族構成ごとのヤングケアラーの実態

　家族構成ごとのヤングケアラーの特徴について，中学生の約１割がひとり親世帯である．また，小学生も中学生もひとり親世帯で遅刻・早退が多く，忘れ物なども多いが，悩みを聞いてくれる人が少ない．家族構成においては，ひとり親世帯のヤングケアラーは，より孤立・孤独が生まれやすい傾向にあると考えられる．

　１）家族構成

　次に，家族構成によってヤングケアラーに特徴がみられるかを把握するために，家族構成ごとのヤングケアラーの現状を分析した．小学生と中学生の家族構成は次のとおりである．両親とこどもからなる「二世代世帯」は，小学生3427人（79.2%），中学生3834人（76.2%）で最も多い．祖父母と親子世代が同居する「三世代世帯」は，小学生529人（12.2%），中学生628人（12.7%）であった．母子世帯（父のいない児童・生徒がその母によって養育されている世帯）と，父子世帯（母のいない児童・生徒がその父によって養育されている世帯）をあわせた「ひとり親世帯」は，小学生290世帯（6.7%），中学生495世帯（9.9%）である．ヤングケアラーの家族構成は，二世代世帯の核家族が最も多く，祖父母と同居する三世代世帯は１割程度，中学生のヤングケアラーの約１割は「ひとり親世帯」であることが分かる．

　２）家族構成ごとのヤングケアラーの特徴
①学年別・世帯構成別

　小学生について，家族構成別のヤングケアラーの学年をみると，「二世代世帯」，「三世代世帯」，「ひとり親世帯」ともに，「４年生」の割合が最も高い．

表6-2　家族構成

	小学生 （4,329人）	中学生 （5,017人）
二世代世帯	3,427(79.2%)	3,834(76.2%)
三世代世帯	529(12.2%)	628(12.7%)
ひとり親世帯	290(6.7%)	495(9.9%)
その他	55(1.3%)	27(0.5%)
無回答	28(0.6%)	33(0.7%)

120

中学生では,「三世代世帯」と「ひとり親世帯」で3年生の割合が高い.

表6-3　学年別・世帯構成別（人, %）

	小学生				中学生		
	二世代世帯	三世代世帯	ひとり親世帯		二世代世帯	三世代世帯	ひとり親世帯
4年生	102(45.9)	26(51.0)	10(47.6)	1年生	62(43.7)	13(31.7)	10(32.3)
5年生	73(32.9)	14(27.5)	6(28.6)	2年生	37(26.1)	12(29.3)	9(29.0)
6年生	44(19.8)	10(19.6)	5(23.8)	3年生	41(28.0)	14(34.1)	12(38.7)
答えたくない	3(1.4)	1(2.0)	0(0.0)	答えたくない	2(1.4)	2(4.9)	0(0.0)

②性別・世帯構成別

　世帯構成別の性別について，小学生では,「二世代世帯」,「三世代世帯」,「ひとり親世帯」ともに，性別の違いはほとんど見られない.　中学生では，すべての世帯で男の割合が高い.　特に「ひとり親世帯」では,「男」が21人（67.7%），「女」が10人（32.3%）で,「男」のヤングケアラーが多い.

表6-4　性別・世帯構成別（人, %）

	小学生			中学生		
	二世代世帯	三世代世帯	ひとり親世帯	二世代世帯	三世代世帯	ひとり親世帯
男	120(54.1)	29(56.9)	11(52.4)	86(60.6)	25(61.0)	21(67.7)
女	98(44.1)	18(35.3)	10(47.6)	51(35.9)	14(34.1)	10(32.3)
その他	0(0.0)	1(2.0)	0(0.0)	2(1.4)	0(0.0)	0(0.0)
答えたくない	3(1.4)	3(5.9)	0(0.0)	3(2.1)	2(4.9)	0(0.0)
無回答	1(0.5)	0(0.0)	0(0.0)	—	—	—

③健康状態・世帯構成

　世帯構成別の健康状態について，小学生では,「あまりよくない」と「よくない」は,「二世代世帯」13人5.9%,「三世代世帯」4人7.9%,「ひとり親世帯」1人4.8%である.　中学生では「あまりよくない」と「よくない」は,「二世代世帯」13人5.9%,「三世代世帯」4人7.9%,「ひとり親世帯」1人4.8%である.　健康状態が良くない者は，世帯構成別に大きな違いはみられないが，一定数存在することが分かる.

表6-5　健康状態（人，%）

	小学生			中学生		
	二世代世帯	三世代世帯	ひとり親世帯	二世代世帯	三世代世帯	ひとり親世帯
よい	128(57.7)	22(43.1)	9(42.9)	128(57.7)	22(43.1)	9(42.9)
まあよい	38(17.1)	10(19.6)	5(23.8)	38(17.1)	10(19.6)	5(23.8)
ふつう	43(19.4)	15(29.4)	6(28.6)	43(19.4)	15(29.4)	6(28.6)
あまりよくない	11(5.0)	3(5.9)	1(4.8)	11(5.0)	3(5.9)	1(4.8)
よくない	2(0.9)	1(2.0)	0(0.0)	2(0.9)	1(2.0)	0(0.0)

④欠席状況・世帯構成

　世帯構成別の欠席状況について，「ほとんど欠席しない」は，小学生では，「二世代世帯」167人（75.2%），「三世代世帯」36人（70.6%），「ひとり親世帯」12人（57.1%）で，「ひとり親世帯」では，欠席しないヤングケアラーの割合が低い．中学生では，「二世代世帯」112人（78.9%），「三世代世帯」33人（80.5%），「ひとり親世帯」24人（77.4%）で，世帯構成別の違いはほとんどみられない．

表6-6　学校を欠席することはあるか（人，%）

	小学生			中学生		
	二世代世帯	三世代世帯	ひとり親世帯	二世代世帯	三世代世帯	ひとり親世帯
ほとんど欠席しない	167(75.2)	36(70.6)	12(57.1)	112(78.9)	33(80.5)	24(77.4)
たまに欠席する	48(21.6)	14(27.5)	8(38.1)	22(15.5)	6(14.6)	6(19.4)
よく欠席する	6(2.7)	0(0.0)	1(4.8)	8(5.6)	2(4.9)	1(3.2)
無回答	1(0.5)	1(2.0)	0(0.0)	―	―	―

⑤遅刻・早退と世帯構成

　遅刻・早退については，小学生では，「ほとんどしない」は，「二世代世帯」167人（75.2%），「三世代世帯」36人（70.6%），「ひとり親世帯」12人（57.1%）となっており，「ひとり親世帯」で遅刻や早退をほとんどしないヤングケアラーの割合が低い．中学生では，「ほとんどしない」は，「二世代世帯」112人（78.9%），「三世代世帯」33人（80.5%），「ひとり親世帯」24人（77.4%）となっており，「ひとり親世帯」で遅刻や早退をほとんどしないヤングケアラーの割合が低い．小学生，中学生ともに，「ひとり親世帯」のヤングケアラーは，遅刻や早退するケースが多い傾向にあることが分かる．

表 6-7　遅刻や早退について（人，%）

	小学生			中学生		
	二世代世帯	三世代世帯	ひとり親世帯	二世代世帯	三世代世帯	ひとり親世帯
ほとんどしない	167(75.2)	36(70.6)	12(57.1)	112(78.9)	33(80.5)	24(77.4)
たまにする	48(21.6)	14(27.5)	8(38.1)	22(15.5)	6(14.6)	6(19.4)
よくする	6(2.7)	0(0.0)	1(4.8)	8(5.6)	2(4.9)	1(3.2)
無回答	1(0.5)	1(2.0)	0(0.0)	—	—	—

⑥学校生活について

　学校生活においてあてはまるものについて，小学生では，「特にない」がすべての世帯で最も多い．中学生では，「二世代世帯」で「特にない」が62人(43.7%)，「三世代世帯」が18人(43.9%)で最も多いが，「ひとり親世帯」については，「提出物を出すのが遅れることが多い」が18人(58.1%)で最も多く，次いで，「持ち物の忘れ物が多い」が15人(48.4%)，「宿題ができていないことが多い」が12人(38.7%)，「授業中に寝てしまうことが多い」が9人(29.0%)，「特にない」が7人(22.6%)と，「特にない」者の割合が低くなり，忘れ物や提出物の遅れなどの学校生活に影響が出ているヤングケアラーが多いことが分かる．

表 6-8　学校生活（人，%）

	小学生			中学生		
	二世代世帯	三世代世帯	ひとり親世帯	二世代世帯	三世代世帯	ひとり親世帯
1．授業中に寝てしまうことが多い	13(5.9)	5(9.8)	2(9.5)	23(16.2)	4(9.8)	9(29.0)
2．宿題ができていないことが多い	19(8.6)	9(17.6)	3(14.3)	25(17.6)	7(17.1)	12(38.7)
3．持ち物の忘れ物が多い	68(30.6)	19(37.3)	8(38.1)	42(29.6)	10(24.4)	15(48.4)
4．習い事を休むことが多い	9(4.1)	3(5.9)	0(0.0)	15(10.6)	4(9.8)	7(22.6)
5．提出物を出すのが遅れることが多い	23(10.4)	9(17.6)	3(14.3)	37(26.1)	15(36.6)	18(58.1)
6．修学旅行などの宿泊行事を欠席する	2(0.9)	1(2.0)	0(0.0)	0(0.0)	1(2.4)	1(3.2)
7．保健室で過ごすことが多い	2(0.9)	1(2.0)	0(0.0)	3(2.1)	0(0.0)	1(3.2)
8．学校では1人で過ごすことが多い	13(5.9)	4(7.8)	0(0.0)	11(7.7)	6(14.6)	2(6.5)
9．友だちと遊んだり，おしゃべりしたりする時間が少ない	11(5.0)	3(5.9)	2(9.5)	8(5.6)	4(9.8)	3(9.7)
10．特にない	131(59.0)	23(45.1)	10(47.6)	62(43.7)	18(43.9)	7(22.6)

無回答	1(0.5)	1(2.0)	0(0.0)	4(2.8)	1(2.4)	0(0.0)

⑦世話をしている人

世話をしている人について，小学生は，「二世代世帯」では「きょうだい」が114人（56.2%）で最も多いが，「三世代世帯」では「祖母」が26人（54.2%）で最も多い．「ひとり親世帯」では，「母親」が13人（65.0%）で最も多い．中学生は，「二世代世帯」では「きょうだい」が65人（49.2%）で最も多く，「三世代世帯」では「祖母」が22人（25.0%）で最も多い．「ひとり親世帯」では「母親」が13人（52.0%）で最も多い．小学生，中学生ともに，世帯構成別に世話している人の違いがみられ，「二世代世帯」では「きょうだい」，「三世代世帯」では「祖母」，「ひとり親世帯」では「母親」を世話しているヤングケアラーが多い．

表6-9　世話をしている人（人，%）

	小学生			中学生		
	二世代世帯	三世代世帯	ひとり親世帯	二世代世帯	三世代世帯	ひとり親世帯
母親	77(37.9)	23(47.9)	13(65.0)	62(47.0)	16(40.0)	13(52.0)
父親	60(29.6)	14(29.2)	4(20.0)	52(39.4)	13(32.5)	3(12.0)
祖母	18(8.9)	26(54.2)	3(15.0)	10(7.6)	22(55.0)	5(20.0)
祖父	16(7.9)	13(27.1)	0(0.0)	7(5.3)	10(25.0)	2(8.0)
きょうだい	114(56.2)	23(47.9)	3(15.0)	65(49.2)	13(32.5)	9(36.0)
その他	13(6.4)	2(4.2)	0(0.0)	5(3.8)	1(2.5)	0(0.0)
無回答	15(7.4)	2(4.2)	3(15.0)	14(10.6)	5(12.5)	4(16.0)

⑧どのような世話をしているか

世話の内容について，小学生は，「見守り」が「二世代世帯」で76人（37.4%），「三世代世帯」では17人（35.4%）で最も多い．「ひとり親世帯」では，「買い物や散歩に一緒に行く」と「食事のしたくやそうじ，せんたく」が8人（40.0%）で最も多い．中学生は，「二世代世帯」では，「食事のしたくやそうじ，せんたく」が61人（46.2%）で最も多い．「三世代世帯」では「見守り」が21人（52.5%）で最も多い．「ひとり親世帯」では，「食事のしたくやそうじ，せんたく」と「見守り」が10人（40.0%）と最も多い．世帯構成によらず「食事のしたくやそうじ，せんたく」等の家事が最も多い．中学生になると，「食事のしたくやそうじ，せんたく」などの家事をする者が増える傾向にある．

表6-10　どのような世話をしているか（人，%）

	小学生			中学生		
	二世代世帯	三世代世帯	ひとり親世帯	二世代世帯	三世代世帯	ひとり親世帯
1．食事のしたくやそうじ，せんたく	62(30.5)	16(33.3)	8(40.0)	61(46.2)	18(45.0)	10(40.0)
2．きょうだいの世話や送り迎えなど	36(17.7)	3(6.3)	2(10.0)	17(12.9)	6(15.0)	4(16.0)
3．お風呂やトイレのお世話など	37(18.2)	9(18.8)	3(15.0)	29(22.0)	8(20.0)	4(16.0)
4．買い物や散歩に一緒に行く	41(20.2)	12(25.0)	8(40.0)	31(27.5)	9(22.5)	8(32.0)
5．病院へ一緒に行く	4(2.0)	2(4.2)	0(0.0)	14(10.6)	5(12.5)	2(8.0)
6．話し相手	53(26.1)	12(25.0)	5(25.0)	53(40.2)	20(50.0)	8(32.0)
7．見守り	76(37.4)	17(35.4)	2(10.0)	53(40.2)	21(52.5)	10(40.0)
8．通訳（日本語や手話など）	5(2.5)	0(0.0)	0(0.0)	5(3.8)	2(5.0)	1(4.0)
9．お金の管理	5(2.5)	2(4.2)	0(0.0)	19(14.4)	6(15.0)	2(8.0)
10．薬の管理	5(2.5)	0(0.0)	0(0.0)	10(7.6)	5(12.5)	1(4.0)
11．その他	16(7.9)	5(10.4)	0(0.0)	9(6.8)	4(10.0)	3(12.0)
無回答	19(9.4)	9(18.8)	2(10.0)	21(15.9)	6(15.0)	6(24.0)

⑨何歳から世話をしているか

　小学生は，「二世代世帯」では，「小学校（低学年）」80人（39.4%），「就学前」60人（31.5%），「三世代世帯」では，「小学校（低学年）」18人（37.5%），「就学前」14人（29.2%），「ひとり親世帯」では，「小学校（低学年）」8人（40.0%），「小学校（高学年）」4人（20.0%）である．中学生は，「二世代世帯」では，「小学校（高学年）」40人（30.8%），「三世代世帯」では，「小学校（高学年）」13人（32.5%），「ひとり親世帯」では，「小学校（高学年）」9人（36.0%）である．小学生は低学年から，中学生は小学校高学年から世話をしているヤングケアラーが多く，ケアが長期間にわたっていることが分かる．

表6-11　何歳から世話をしているか（人，%）

	小学生			中学生		
	二世代世帯	三世代世帯	ひとり親世帯	二世代世帯	三世代世帯	ひとり親世帯
就学前	60(31.5)	14(29.2)	3(15.0)	22(16.7)	5(12.5)	2(8.0)
小学校（低学年）	80(39.4)	18(37.5)	8(40.0)	30(22.7)	5(12.5)	3(12.0)
小学校（高学年）	25(12.3)	7(14.6)	4(20.0)	40(30.8)	13(32.5)	9(36.0)
中学生以降	―	―	―	9(6.8)	5(12.5)	1(4.0)

第6章　切れ目のないこども・若者支援でケアラーを支える埼玉県上尾市　*125*

| 無回答 | 34(16.7) | 9(18.8) | 5(25.0) | 31(23.5) | 12(30.0) | 10(40.0) |

⑩どのくらい世話をしているか

　どのくらい世話をしているかについて，小学生では，二世代世帯が「ほぼ毎日」98人（48.3％），三世代世帯が「ほぼ毎日」18人（37.5％），「ひとり親世帯」が「１カ月に数回」が６人（30.0％）で最も多い．中学生では，「二世代世帯」が「ほぼ毎日」47人（35.6％），「三世代世帯」が「ほぼ毎日」16人（40.0％），「ひとり親世帯」が「ほぼ毎日」７人（28.0％）である．小学生，中学生ともに，「ほぼ毎日」世話をしているヤングケアラーが多い．

表6-12　どのくらい世話をしているか（人，％）

	小学生			中学生		
	二世代世帯	三世代世帯	ひとり親世帯	二世代世帯	三世代世帯	ひとり親世帯
ほぼ毎日	98(48.3)	18(37.5)	3(15.0)	47(35.6)	16(40.0)	7(28.0)
週に３〜５日	35(17.4)	8(16.7)	4(20.0)	23(17.4)	4(10.0)	3(12.0)
週に１〜２日	29(14.3)	10(20.8)	3(15.0)	17(12.9)	7(17.5)	2(8.0)
１カ月に数回	14(6.9)	4(8.3)	6(30.0)	15(11.4)	6(15.0)	5(20.0)
その他	10(4.9)	3(6.3)	1(5.0)	5(3.8)	1(2.5)	1(4.0)
無回答	7(8.4)	5(10.4)	3(15.0)	25(18.9)	6(15.0)	7(28.0)

⑪平日に何時間くらい世話をしているか

　学校のある平日に何時間くらい世話をしているかについて，小学生は，「二世代世帯」で「３時間未満」92人（45.3％），「三世代世帯」24人（50.0％），「ひとり親世帯」９人（37.9％）で，３時間未満の世話が多い．中学生は，「二世代世帯」で「３時間未満」50人（37.9％），「三世代世帯」で「３時間未満」19人（47.5％），「ひとり親世帯」で「３時間未満」８人（32.0％）で，世帯構成によらず「３時間未満」の世話が最も多い．ただし，「７時間以上」世話をしている小学生は「二世代世帯」で11人（5.4％），中学生は「二世代世帯」で13人（9.8％）であり，「二世代世帯」では，長時間世話をしている者が多い傾向にある．

表6-13　平日に何時間くらい世話をしているか（人，％）

	小学生			中学生		
	二世代世帯	三世代世帯	ひとり親世帯	二世代世帯	三世代世帯	ひとり親世帯
３時間未満	92(45.3)	24(50.0)	9(45.0)	50(37.9)	19(47.5)	8(32.0)
３〜７時間	51(25.1)	11(22.9)	3(15.0)	26(19.7)	4(10.0)	3(12.0)

	小学生			中学生		
7時間以上	11(5.4)	0(0.0)	1(5.0)	13(9.8)	4(10.0)	0(0.0)
無回答	49(24.1)	13(27.1)	7(35.0)	43(32.6)	13(32.5)	14(56.0)

⑫誰かに相談したことがあるか

　世話をしている家族のことや，世話の悩みを誰かに相談したことがあるかについて，小学生は，「ない」が，「二世代世帯」136人（67.0%），「三世代世帯」34人（78.8%），「ひとり親世帯」16人（80.0%）である．中学生は，「ない」が，「二世代世帯」96人（72.7%），「三世代世帯」29人（72.5%），「ひとり親世帯」21人（84.0%）である．小学生，中学生ともに，世帯構成によらず誰にも相談したことがない者が多い．特に「ひとり親世帯」では，その割合が高い．

表6-14　誰かに相談したことがあるか（人，%）

	小学生			中学生		
	二世代世帯	三世代世帯	ひとり親世帯	二世代世帯	三世代世帯	ひとり親世帯
ある	59(29.1)	10(20.8)	3(15.0)	29(22.0)	6(15.0)	2(8.0)
ない	136(67.0)	34(78.8)	16(80.0)	96(72.7)	29(72.5)	21(84.0)
無回答	8(3.9)	4(8.3)	1(5.0)	7(5.3)	5(12.5)	2(8.0)

⑬「ない」と回答した人，相談していない理由

　相談していない理由について，小学生は，「誰かに相談するほどの悩みではないから」が世帯構成によらず最も多い．次いで，「相談しても何も変わらないから」が，「二世代世帯」で14人（10.3%），「三世代世帯」で5人（14.7%），「ひとり親世帯」2人（12.5%）で多い．

　中学生は，「誰かに相談するほどの悩みではないから」がすべての世帯で最も多い．次いで，「相談しても何も変わらないから」となっている．

　相談したことはないが，悩みを聞いてくれる人がいるかどうかについて，「いる」と回答した小学生は，「二世代世帯」97人（71.3%），「三世代世帯」22人（64.7%），「ひとり親世帯」12人（75.0%）である．中学生は，「二世代世帯」63人（65.6%），「三世代世帯」19人（65.5%），「ひとり親世帯」12人（57.1%）である．中学生の「ひとり親世帯」では，悩みを聞いてくれる人がいる割合が低い．

第6章　切れ目のないこども・若者支援でケアラーを支える埼玉県上尾市　*127*

表6-15-1　「ない」と回答した人で相談していない理由 (人, %)

	小学生		
	二世代世帯	三世代世帯	ひとり親世帯
1．誰かに相談するほどの悩みではないから	83(61.0)	17(50.0)	7(43.8)
2．誰に相談するのがよいかわからないから	10(7.4)	2(5.9)	0(0.0)
3．相談できる人がいないから	6(4.4)	0(0.0)	0(0.0)
4．家族のことを話したくないから	7(5.1)	2(5.9)	1(6.3)
5．相談しても何も変わらないから	14(10.3)	5(14.7)	2(12.5)
6．その他	22(16.2)	4(11.8)	3(18.8)
無回答	13(9.6)	5(14.7)	3(18.8)

表6-15-2　「ない」と回答した人で相談していない理由 (人, %)

	中学生		
	二世代世帯	三世代世帯	ひとり親世帯
1．誰かに相談するほどの悩みではない	61(63.5)	22(75.8)	15(71.4)
2．家族以外の人に相談するような悩みではない	11(11.5)	0(0.0)	3(14.3)
3．誰に相談するのがよいかわからない	4(4.2)	0(0.0)	1(4.8)
4．相談できる人が身近にいない	4(4.2)	1(3.4)	1(4.8)
5．家族のことのため話しにくい	8(8.3)	2(6.9)	0(0.0)
6．家族のことを知られたくない	4(4.2)	0(0.0)	2(9.5)
7．家族に対して偏見を持たれたくない	5(5.2)	0(0.0)	1(4.8)
8．相談しても状況が変わるとは思わない	14(14.6)	2(6.9)	2(9.5)
9．その他	8(8.3)	4(13.8)	3(14.3)
無回答	13(13.5)	2(6.9)	1(4.8)

表6-15-3　「ない」と回答した人で,「悩みを聞いてくれる人がいるか」(人, %)

	小学生			中学生		
	二世代世帯	三世代世帯	ひとり親世帯	二世代世帯	三世代世帯	ひとり親世帯
いる	97(71.3)	22(64.7)	12(75.0)	63(65.6)	19(65.5)	12(57.1)
いない	31(22.8)	10(29.4)	4(25.0)	21(21.9)	7(24.1)	8(38.1)
無回答	8(5.9)	2(5.7)	0(0.0)	12(12.5)	3(10.3)	1(4.8)

⑭学校や周りの大人に助けてほしいこと

　学校や周りの大人に助けてほしいことについて，小学生は，「特にない」が「二世代世帯」113人 (55.7%)，「三世代世帯」31人 (64.4%)，「ひとり親世帯」11人 (55.0%) である．中学生は，「特にない」が，「二世代世帯」70人 (53.0%)，「三世代世帯」23人 (57.5%)，「ひとり親世帯」16人 (64.0%) であり，小学生，

中学生ともに「特にない」が最も多い．ただし，中学生では，「勉強のサポートがほしい」や「自由な時間がほしい」も多くなっており，家事などの世話をする中で，勉強をする時間など自分の時間を確保するのが難しい状況がうかがえる．

表 6-16-1　学校や周りの大人に助けてほしいこと（人，%）

	小学生		
	二世代世帯	三世代世帯	ひとり親世帯
話を聞いてほしい	11(5.4)	2(4.2)	2(10.0)
家族のことについて相談にのってほしい	7(3.4)	4(8.3)	0(0.0)
お世話のことなどについてわかりやすく教えてほしい	7(3.4)	0(0.0)	0(0.0)
自分が行っているお世話を誰かに代わってほしい	6(3.0)	1(2.1)	0(0.0)
自由な時間がほしい	14(6.9)	4(8.3)	1(5.0)
勉強を教えてほしい	19(9.4)	3(6.3)	1(5.0)
お金のことを助けてほしい	3(1.5)	0(0.0)	0(0.0)
その他	3(1.5)	0(0.0)	1(5.0)
特にない	113(55.7)	31(64.6)	11(55.0)
わからない	35(17.2)	8(16.7)	4(20.0)
無回答	6(3.0)	1(2.1)	1(5.0)

表 6-16-2　学校や周りの大人に助けてほしいこと（人，%）

	中学生		
	二世代世帯	三世代世帯	ひとり親世帯
話を聞いてほしい	7(5.3)	4(10.0)	0(0.0)
家族のことについて相談にのってほしい	6(4.6)	1(2.5)	1(4.0)
家族の病気や障がい，お世話のことなどについてわかりやすく教えてほしい	3(2.3)	1(2.5)	0(0.0)
自分が行っているお世話のすべてを代わってほしい	1(0.8)	0(0.0)	0(0.0)
自分が行っているお世話の一部を代わってほしい	5(3.8)	1(2.5)	0(0.0)
自由な時間がほしい	17(12.9)	4(10.0)	3(12.0)
進路のことなど将来の相談にのってほしい	7(5.3)	1(2.5)	1(4.0)
勉強のサポートがほしい	15(11.4)	4(10.0)	3(12.0)
お金のことを助けてほしい	4(3.0)	4(10.0)	1(4.0)
分からない	14(10.6)	3(7.5)	3(12.0)
その他	0(0.0)	0(0.0)	0(0.0)
特にない	70(53.0)	23(57.5)	16(64.0)
無回答	14(10.6)	2(5.0)	0(0.0)

(5) 「本人にヤングケアラーという自覚がない児童・生徒」は，どのような
ヤングケアラーか

　本人や家族にヤングケアラーとしての自覚がない場合，ヤングケアラーから
SOSを出すことは難しく，支援が必要でも表面化しにくい構造となっている
ため，周りが気づいて，必要な支援につなげることが課題となる．そのために，
ヤングケアラーとしての自覚がないヤングケアラーの特徴を把握することで，
ヤングケアラーに気づくための要因を検討することが重要になる．そこで，「本
人にヤングケアラーという自覚がない者（以下，自覚がない者）」を抽出し，その
特徴を把握した．

　分析の結果，ヤングケアラーという自覚がない者は，小学生で，ヤングケア
ラーに該当する者のうち79％，中学生で88％という結果であった．つまり，ヤ
ングケアラーだがその自覚がない者は，約9割程度であることがわかる．小学
生，中学生ともに，ヤングケアラーであっても自覚がない者は，ヤングケアラー
という自覚がないままに，世話を継続することで，学習面や進路，友人関係な
どの悩みを抱えているが，自分から悩みを相談する者は少ないことが分かった．

1）小学生

　「ヤングケアラーにあてはまるか　わからない　且つ　家族の中に世話をし
ている人がいる」を「自覚がない者」として抽出する．

①学年

　自覚がない小学生のヤングケアラーは，240人（5.5%）であった．ヤングケ
アラーに該当する者303人のうち，79％が自覚がない者であるという結果であっ
た．学年別では，「4年生」が114人（47.5%），「5年生」が81人（33.8%），「6
年生」が41人（17.1%）で，4年生が最も多い．小学生のヤングケアラーは学
年の低い者を中心にヤングケアラーとしての自覚がない者が多いことが分かる．

表6-17　学年

全体	(240)	%
小学4年生	114	47.5
小学5年生	81	33.8
小学6年生	41	17.1
答えたくない	4	1.7

②性別

性別について，男が130人（54.2%），女106人（44.2%）であった．男女で大きな違いは見られない．

表6-18　性別

全体	(240)	%
1．男	130	54.2
2．女	106	44.2
3．その他	0	0.0
4．答えたくない	4	1.7
無回答	0	0.0

③健康状態

健康状態について，「よい」が123人（51.3%），「まあよい」が44人（18.3%），「ふつう」が58人（24.2%），「あまりよくない」が11人（4.6%），「よくない」が4人（1.7%）である．健康状態に問題がない者が多いが，あまりよくない者も一定数みられる．

表6-19　健康状態

全体	(240)	%
よい	123	51.3
まあよい	44	18.3
ふつう	58	24.2
あまりよくない	11	4.6
よくない	4	1.7

④欠席

欠席について，「ほとんど欠席しない」が173人（72.1%），「たまに欠席する」が57人（23.8%），「よく欠席する」が9人（3.8%）であった．「たまに欠席する」もあわせると，自覚がない者の3割程度は欠席しがちであることが分かる．

表6-20　欠席 (人, %)

全体	(240)	%
ほとんど欠席しない	173	72.1
たまに欠席する	57	23.8
よく欠席する	9	3.8
無回答	1	0.4

第6章　切れ目のないこども・若者支援でケアラーを支える埼玉県上尾市　　*131*

⑤遅刻・早退

　遅刻・早退について，「ほとんどしない」が186人 (77.5%)，「たまにする」が49人 (20.4%)，「よくする」が４人 (1.7%) であった．「たまにする」もあわせると，自覚がない者の２割程度は遅刻・早退しがちであることが分かる．

表6-21　遅刻・早退 (人, %)

全体	(240)	%
ほとんどしない	186	77.5
たまにする	49	20.4
よくする	4	1.7
無回答	1	0.4

⑥悩んでいること

　悩んでいることについては，「特にない」が113人 (47.1%) で最も多く，次いで，「学校の勉強や成績のこと」が53人 (22.1%)，「友達のこと」が46人 (19.2%) である．ヤングケアラーとしての自覚がなくても，学校の勉強や友だちのことで悩んでいる者は多い．

表6-22　悩んでいること (人, %)

全体	(240)	%
友だちのこと	46	19.2
学校の勉強や成績のこと	53	22.1
習い事のこと	28	11.7
家族のこと	25	10.4
生活や勉強に必要なお金のこと	10	4.2
自分のために使える時間が少ないこと	15	6.3
その他	6	2.5
特にない	113	47.1
無回答	7	2.9

⑦悩みについて，話を聞いてくれる人はいるか

　悩みについて，話を聞いてくれる人はいるかについて，「いる」が90人 (75.0%)，「いない」が５人 (4.2%)，「話はしたくない」が24人 (20.0%) である．

表6-23　話を聞いてくれる人 (人, %)

全体	(120)	
いる	90	75.0

	いない	5	4.2
	話はしたくない	24	20.0
	無回答	1	0.8

⑧世話をしている人

世話をしている人について, 「きょうだい」が117人 (48.8%) で最も多く, 次いで, 「お母さん」が101人 (42.1%), 「お父さん」が73人 (30.4%), 「おばあさん」が41人 (17.1%), 「おじいさん」が22人 (9.2%) である. きょうだいや両親の世話をしている者が多い.

表 6-24　世話をしている人 (人, %)

全体	(240)	%
お母さん	101	42.1
お父さん	73	30.4
おばあさん	41	17.1
おじいさん	22	9.2
きょうだい	117	48.8
その他	26	10.8
無回答	17	7.1

⑨きょうだいの世話をしている理由

世話をしている者について, 「きょうだい」の世話をしている者が最も多いが, その理由については, 「まだ小さい」が67人 (57.3%) で最も多く, 小学生が自分よりも年下の幼いきょうだいの世話をしていることがうかがえる.

表 6-25　きょうだいの世話をしている理由 (人, %)

全体	(117)	%
まだ小さい	67	57.3
病気	2	1.7
けが	3	2.6
からだが弱い	11	9.4
からだが不自由	3	2.6
障がいがある	6	5.1
その他	14	12.0
わからない	23	19.7
無回答	6	5.1

⑩世話の内容

　世話の内容について，「見守り」が73人（30.4%）で最も多く，次いで，「食事のしたくやそうじ，せんたく」が71人（29.6%），「話し相手」が60人（25.0%）である．世話の内容は，見守りや家事など多様であることがわかる．

表6-26　世話の内容（人，%）

全体	(240)	%
食事のしたくやそうじ，せんたく	71	29.6
きょうだいの世話や送り迎えなど	30	12.5
お風呂やトイレのお世話など	41	17.1
買い物や散歩に一緒に行く	53	22.1
病院へ一緒に行く	5	2.1
話し相手	60	25.0
見守り	73	30.4
通訳（日本語や手話など）	5	2.1
お金の管理	5	2.1
薬の管理	4	1.7
その他	20	8.3
無回答	30	12.5

⑪世話を誰と一緒にしているか

　世話を一緒にしている人について，「お母さん」が139人（57.9%），「お父さん」が102人（42.5%），「きょうだい」が71人（29.6%）であり，両親と一緒にきょうだいの世話をしている者が多いことが分かる．一方，「自分のみ」が23人（9.6%）であり，大人と一緒ではなく，こどものみが役割を担って世話をしている者も1割程度いる．

表6-27　世話を一緒にしている人（人，%）

全体	(240)	%
お母さん	139	57.9
お父さん	102	42.5
おばあさん	21	8.8
おじいさん	12	5.0
きょうだい	71	29.6
しんせきの人	5	2.1
自分のみ	23	9.6
福祉サービス（ヘルパーなど）を利用	1	0.4
その他	13	5.4
無回答	29	12.1

⑫何歳から世話をしているか

何歳から世話をしているかについて，「小学生（低学年）」が85人（35.4%），「就学前」が77人（32.1%）である．ヤングケアラーとしての自覚がないまま，就学前や低学年から長期間にわたり世話をしている者が多い．

表6-28　何才から世話をしているか（人，%）

全体	(240)	%
就学前	77	32.1
小学生（低学年）	85	35.4
小学生（高学年）	28	11.7
無回答	50	20.8

⑬どのくらい世話をしているか

どのくらい世話をしているかについて，「ほぼ毎日」が106人（44.2%），「週に1～2日」が39人（16.3%），「週に3～5日」が35人（14.6%），「1カ月に数日」が22人（9.2%）である．ほぼ毎日世話をしている者が多い．

表6-29　どのくらい世話をしているか（人，%）

全体	(240)	%
ほぼ毎日	106	44.2
週に3～5日	35	14.6
週に1～2日	39	16.3
1カ月に数日	22	9.2
その他	13	5.4
無回答	25	10.4

⑭学校のある日の世話の時間

学校のある平日に何時間くらい世話をしているかについて，「3時間未満」が113人（47.1%），「3～7時間」が53人（22.1%），「7時間以上」が8人（3.3%）である．「3時間未満」が最も多いが，長時間世話している者も多い．

表6-30　学校のある日の世話の時間（人，%）

全体	(240)	%
3時間未満	113	47.1
3～7時間	53	22.1
7時間以上	8	3.3
無回答	66	27.5

⑮世話をしていることによる経験

　世話をしていることでどのような経験をしているかについて，「特にない」が177人（73.8%）で最も多い．それ以外では，「自分の時間が取れない」が20人（8.3%），「眠る時間が足りない」が12人（5.0%），「学校を休んでしまう」が11人（4.6%），「宿題など勉強する時間がない」が11人（4.6%）の順となっている．世話をすることで欠席したり，学業や友人との交流，睡眠などに影響が出ている者もみられる．

表6-31　世話をしていることによる経験（人，%）

全体	(240)	%
学校を休んでしまう	11	4.6
遅刻や早退をしてしまう	4	1.7
宿題など勉強する時間がない	11	4.6
眠る時間が足りない	12	5.0
友だちと遊ぶことができない	9	3.8
習い事ができない	3	1.3
自分の時間が取れない	20	8.3
その他	2	0.8
特にない	177	73.8
無回答	14	5.8

⑯誰かに相談したことはあるか

　世話している家族のことや，世話の悩みについて誰かに相談したことがあるかについて，「ない」が168人（70.0%），「ある」が59人（24.6%）で，誰にも相談したことがない者が多い．

表6-32　誰かに相談したことはあるか（人，%）

全体	(240)	%
ある	59	24.6
ない	168	70.0
無回答	13	5.4

⑰相談していない理由

　相談していない理由については，「誰かに相談するほどの悩みではないから」が92人（54.8%），「相談しても何も変わらないから」が23人（13.7%）であり，相談するほどの悩みでないと思っている者が多い．

表 6-33　相談しない理由 (人，%)

全体	(184)	%
誰かに相談するほどの悩みではないから	92	54.8
誰に相談するのがよいかわからないから	11	6.5
相談できる人がいないから	4	2.4
家族のことを話したくないから	8	4.8
相談しても何も変わらないから	23	13.7
その他	28	16.7
無回答	19	11.3

⑱学校や周りの人に助けてほしいこと

　学校や周りの大人に助けてほしいことや，相談したいことについては，「特にない」が134人 (55.8%) で最も多い．次いで，「勉強を教えてほしい」が23人 (9.6%)，「自由な時間がほしい」が15人 (6.3%)，「話を聞いてほしい」が12人 (5.0%) となっており，学習面での支援や話を聞いてほしいという願いが多い傾向にあることがうかがえる．

表 6-34　学校や周りの人に助けてほしいこと (人，%)

全体	(240)	%
話を聞いてほしい	12	5.0
家族のことについて相談にのってほしい	7	2.9
お世話のことなどについてわかりやすく教えてほしい	8	3.3
自分が行っているお世話を誰かに代わってほしい	5	2.1
自由な時間がほしい	15	6.3
勉強を教えてほしい	23	9.6
お金のことを助けてほしい	3	1.3
その他	3	1.3
特にない	134	55.8
わからない	49	20.4
無回答	7	2.9

2）中学生

①学年

　ヤングケアラーとしての自覚がない中学生について，1年生が82人 (42.7%)，2年生が52人 (27.1%)，3年生が54人 (28.1%) であった．

第6章　切れ目のないこども・若者支援でケアラーを支える埼玉県上尾市　*137*

表6-35　学年（人，%）

全体	(192)	%
中学1年生	82	42.7
中学2年生	52	27.1
中学3年生	54	28.1
答えたくない	4	2.1

②性別

性別について，男が122人（63.5%），女が62人（32.2%）で，男が多い．

表6-36　性別（人，%）

全体	(192)	%
男	122	63.5
女	62	32.3
その他	2	1.0
答えたくない	6	3.1

③健康状態

健康状態について，「よい」が85人（44.3%）で最も多いが，「あまりよくない」が15人（7.8%），「よくない」が2人（7.8%）であり，健康状態が良くない者も一定数いる．

表6-37　健康状態（人，%）

全体	(192)	%
よい	85	44.3
まあよい	34	17.7
ふつう	56	29.2
あまりよくない	15	7.8
よくない	2	1.0

④欠席

欠席について，「ほとんど欠席しない」が151人（78.6%），「たまに欠席する」が30人（15.6%），「よく欠席する」が11人（5.7%）であり，欠席しがちな者が2割程度いることがわかる．

表6-38　欠席 (人，%)

全体	(192)	％
ほとんど欠席しない	151	78.6
たまに欠席する	30	15.6
よく欠席する	11	5.7

⑤遅刻・早退

遅刻・早退については，「ほとんどしない」が156人 (81.3%)，「たまにする」が29人 (15.1%)，「よくする」が7人 (3.6%) である．遅刻・早退する者は約2割程度いることがわかる．

表6-39　遅刻・早退 (人，%)

全体	(192)	％
ほとんどしない	156	81.3
たまにする	29	15.1
よくする	7	3.6

⑥悩んでいること

現在，悩んだり，困ったりしていることについて，「学校の勉強や成績のこと」が107人 (55.7%)，「進路のこと」が71人 (37.0%)，「特にない」が45人 (23.4%)であり，学業面や進路で悩んでいる者が多い．

表6-40　悩んでいること (人，%)

全体	(192)	％
友人との関係のこと	29	15.1
学校の勉強や成績のこと	107	55.7
進路のこと	71	37.0
部活動のこと	22	11.5
給食費など学校生活に必要なお金のこと	8	4.2
塾（通信含む）や習い事ができないこと	3	1.6
家庭の経済的状況のこと	11	5.7
自分と家族との関係のこと	17	8.9
家族内の人間関係のこと	18	9.4
病気や障がいのある家族のこと	8	4.2
自分のために使える時間が少ないこと	16	8.3
その他	2	1.0
特にない	45	23.4
無回答	8	4.2

⑦悩みについて，話を聞いてくれる人はいるか

　家族のことや，世話の悩みについて相談にのってくれる人がいるかについて，
「いる」が98人（70.5％），「相談や話しはしたくない」が35人（25.2％），「いな
い」が3人（2.2％）である．相談する人がいない者は少ないが，自分から話し
をしたいと思っている者は少ないことがわかる．

表6-41　相談相手はいるか（人，%）

全体	(139)	％
相談相手や話を聞いてくれる人がいる	98	70.5
相談相手や話を聞いてくれる人がいない	3	2.2
相談や話はしたくない	35	25.2
無回答	3	2.2

⑧世話をしている人

　世話をしている人について，「母親」が85人（44.3％），「きょうだい」が82人
（42.7％），「父親」が62人（32.3％）であり，両親やきょうだいの世話をしてい
る者が多い．

表6-42　世話をしてる人（人，%）

全体	(192)	％
母親	85	44.3
父親	62	32.3
祖母	35	18.2
祖父	19	9.9
きょうだい	82	42.7
その他	16	8.3
無回答	23	12.0

⑨母親の世話をしている理由

　世話をしている対象で最も多い「母親」の世話をしている理由について，「わ
からない」が40人（47.1％），「日本語が苦手」が7人（8.2％），「病気」が5人
（5.9％），「年をとっている」が5人（5.9％）である．母親の世話をしている者
の半数近くが，母親に世話が必要な理由を知らないままに世話をしている様子
がうかがえる．また，外国籍の家庭で，母親の通訳を日常的に行っている者も
多い．

表6-43　母親の世話をしている理由（人，%）

全体	(85)	%
年をとっている	5	5.9
病気	5	5.9
けが	1	1.2
からだが弱い	0	0.0
からだが不自由	0	0.0
障がいがある	1	1.2
こころの病気	2	2.4
日本語が苦手	7	8.2
その他	6	7.1
わからない	40	47.1
無回答	22	25.9

⑩世話の内容

　世話の内容については，「食事のしたくやそうじ，せんたく」が48人（56.5%），「話し相手」が29人（34.1%），「見守り」が26人（30.6%），「買い物や散歩に一緒に行く」が22人（25.9%）であり，家事の世話をしている者が多い.

表6-44　母親の世話の内容（人，%）

全体	(85)	%
食事のしたくやそうじ，せんたく	48	56.5
お風呂やトイレのお世話など	19	22.4
買い物や散歩に一緒に行く	22	25.9
病院へ一緒に行く	17	20.0
話し相手	29	34.1
見守り	26	30.6
通訳（日本語や手話など）	2	2.4
お金の管理	18	21.2
薬の管理	11	12.9
その他	4	4.7
無回答	11	12.9

⑪世話を誰と一緒にしているか

　世話を一緒にしている人については，「母親」が86人（44.8%），「父親」が69人（35.9%），「きょうだい」が49人（25.5%），「自分のみ」が38人（19.8%）である. 両親と一緒に家事などの世話をしている生徒が多い一方で，きょうだいと一緒にこどものみで世話をしたり，自分が主たる介護者として世話をしている

第6章　切れ目のないこども・若者支援でケアラーを支える埼玉県上尾市　　*141*

者も約2割程度いる.

表6-45　世話を一緒にしている人（人，%）

全体	(192)	%
母親	86	44.8
父親	69	35.9
祖母	20	10.4
祖父	7	3.6
きょうだい	49	25.5
親戚の人	6	3.1
自分のみ	38	19.8
福祉サービス（ヘルパーなど）を利用	0	0.0
その他	8	4.2
無回答	41	21.4

⑫何歳から世話をしているか

　何歳から世話しているかについて，「小学校高学年」が60人（31.1%），「小学校低学年」が34人（17.7%），「就学前」が28人（14.6%），「中学生以降」が15人（7.8%）である．小学生の時から長期間に及んで世話をしている者が多い.

表6-46　何歳から世話をしているか（人，%）

全体	(192)	%
就学前	28	14.6
小学校低学年	34	17.7
小学校高学年	60	31.3
中学生以降	15	7.8
無回答	55	28.6

⑬どのくらい世話をしているか

　どのくらい世話をしているかについて，「ほぼ毎日」が66人（34.4%），「週に3～5日」が27人（14.1%），「1カ月に数日」が26人（13.5%），「週に1～2日」が24人（12.5%）であり，ほぼ毎日世話をしている者が多い.

表6-47　どのくらい世話をしているか（人，%）

全体	(192)	%
ほぼ毎日	66	34.4
週に3～5日	27	14.1
週に1～2日	24	12.5

1カ月に数日	26	13.5
その他	9	4.7
無回答	40	20.8

⑭平日の世話の時間

学校がある平日の世話の時間は，「３時間未満」が73人（38.0%），「３～７時間」が32人（16.7%），「７時間以上」が15人（7.8%）で，３時間未満が最も多い．

表6-48　平日の世話の時間（人，%）

全体	(192)	%
３時間未満	73	38.0
３～７時間	32	16.7
７時間以上	15	7.8
無回答	72	37.5

⑮世話をしていることでできないこと

世話をしていることで，やりたいけど，できないことについて，「特にない」が116人（60.4%），「自分の時間が取れない」が25人（13.0%），「睡眠が十分に取れない」が15人（7.8%），「友人と遊ぶことができない」が14人（7.3%）であり，睡眠時間や友人との交流が十分に取れない者が多い．

表6-49　世話をしていることでできないこと（人，%）

全体	(192)	%
学校に行きたくても行けない	1	0.5
どうしても学校を遅刻・早退してしまう	3	1.6
宿題をする時間や勉強する時間が取れない	7	3.6
睡眠が十分に取れない	15	7.8
友人と遊ぶことができない	14	7.3
部活や習い事ができない，もしくは辞めざるを得なかった	2	1.0
進路の変更を考えざるを得ない，もしくは進路を変更した	1	0.5
自分の時間が取れない	25	13.0
その他	2	1.0
特にない	116	60.4
無回答	34	17.7

第6章　切れ目のないこども・若者支援でケアラーを支える埼玉県上尾市　*143*

⑯誰かに相談したことはあるか

　世話をしている家族のことや，世話の悩みについて誰かに相談したことがあるかについて，「ない」が146人（76.0％）であり，世話の悩みを相談する者は少ないことが分かる．

表 6 -50　相談経験（人，％）

全体	(192)	％
ある	32	16.7
ない	146	76.0
無回答	14	7.3

⑰相談しない理由

　相談していない理由については，「誰かに相談するほどの悩みではない」が98人（67.1％），「相談しても状況が変わるとは思わない」が13人（8.9％），「家族以外の人に相談するような悩みではない」が13人（8.9％）である．世話していることを誰かに相談するような内容ではないと感じている者が多いことが分かる．

表 6 -51　相談しない理由（人，％）

全体	(146)	％
誰かに相談するほどの悩みではない	98	67.1
家族以外の人に相談するような悩みではない	13	8.9
誰に相談するのがよいかわからない	4	2.7
相談できる人が身近にいない	4	2.7
家族のことのため話しにくい	8	5.5
家族のことを知られたくない	5	3.4
家族に対して偏見を持たれたくない	5	3.4
相談しても状況が変わるとは思わない	13	8.9
その他	17	11.6
無回答	18	12.3

⑱学校や周りの人に助けてほしいこと

　学校や周りの大人に助けてほしいことや，相談したいことについて，「特にない」が114人（59.4％），「自由な時間がほしい」が20人（10.4％），「勉強のサポートがほしい」が20人（10.4％）である．特にない者が多いが，学習面での支援を希望する者が多い．

表6-52　学校や周りの人に助けてほしいこと（人，%）

全体	(192)	%
話を聞いてほしい	10	5.2
家族のことについて相談にのってほしい	6	3.1
家族の病気や障がい，お世話のことなどについてわかりやすく教えてほしい	4	2.1
自分が行っているお世話のすべてを代わってほしい	0	0.0
自分が行っているお世話の一部を代わってほしい	6	3.1
自由な時間がほしい	20	10.4
進路のことなど将来の相談にのってほしい	8	4.2
勉強のサポートがほしい	20	10.4
お金のことを助けてほしい	6	3.1
わからない	15	7.8
その他	0	0.0
特にない	114	59.4
無回答	16	8.3

(6)　なぜ，ヤングケアラーは支援者に相談しないのか

　なぜ，ヤングケアラーは支援者に相談しないのだろうか．ヤングケアラーは，困っていても誰にも相談せず，孤独・孤立の状況に陥りやすい．国の調査では，いずれの学校種でも，相談した経験が「ある」が2～3割，「ない」が5～7割となっている．学校種が低くなるにつれて徐々に経験ありが少なくなる傾向にある．相談した経験が「ある」と回答した小中高大生に，相談相手について質問すると，「家族（父，母，祖父，祖母，きょうだい）」が最も高く，次いで「友人」が高い．家族や友人などの身近な人への相談が多く，支援者への相談は少ない．

　世話について相談した経験が「ない」と回答した小中高大生に，その理由について質問すると，「誰かに相談するほどの悩みではない」が最も高く，次いで，「相談しても状況が変わるとは思わない」が高い傾向にある．すでにこども時代に「誰かに相談しても状況が変わるとは思わない」と回答していることは，「助けを求めたことがない」，「助けを求めたが状況が変わらなかった」など，それまで誰かに助けられた経験を持てていないことを意味している．このまま誰にも助けられずに大人になれば，大人になっても誰にも相談できず，孤独・孤立に陥る可能性が高い．

　本章では，「悩みについて，話を聞いてくれる人の有無」の質問について，回答（いる，いない，話はしたくない）について「話はしたくない」と回答したヤ

ングケアラーを,「悩みごとはあるのに,相談したくないヤングケアラー(以下,相談したくない者)」として抽出し,その特徴を分析した.

分析の結果,小学生では,家事や直接介護等の負担が大きい世話を長期間継続している者が多く,精神面での負担も大きくなっていることが分かった.中学生も,精神面での負担が大きい者が多く,誰にも相談しないヤングケアラーは精神面での負担が大きいことが分かる.

1)小学生
①学年

相談したくないヤングケアラーの学年については,4年生が17人(54.8%),6年生が7人(22.6%),5年生が6人(19.4%)で,学年が低いほど多い.

表6-53 学年 (人, %)

全体	(31)	%
小学4年生	17	54.8
小学5年生	6	19.4
小学6年生	7	22.6
答えたくない	1	3.2

②性別

相談したくないヤングケアラーの性別について,女が20人(64.5%),男が8人(25.8%)で,女が多い.

表6-54 性別 (人, %)

全体	(31)	%
男	8	25.8
女	20	64.5
その他	1	3.2
答えたくない	2	6.5
無回答	0	0.0

③欠席

欠席について,「ほとんど欠席しない」が20人(64.5%),「たまに欠席する」が10人(32.3%),「よく欠席する」が1人(3.2%)であり,欠席しがちな者が3割程度いることが分かる.

表6-55　欠席 (人，%)

全体	(31)	%
ほとんど欠席しない	20	64.5
たまに欠席する	10	32.3
よく欠席する	1	3.2
無回答	0	0.0

④遅刻・早退

　遅刻・早退について，「ほとんどしない」が23人 (74.2%)，「たまにする」が7人 (22.6%)，「よくする」が1人 (3.2%) であり，遅刻や早退しがちな者は2割程度いることが分かる.

表6-56　遅刻・早退 (人，%)

全体	(31)	%
ほとんどしない	23	74.2
たまにする	7	22.6
よくする	1	3.2
無回答	0	0.0

⑤学校生活

　学校生活において，あてはまるものについて，「特にない」が15人 (48.4%)，「持ち物の忘れ物が多い」が14人 (45.2%) であり，忘れ物が多い者が多いことが分かる.

表6-57　学校生活 (人，%)

全体	(31)	%
授業中に寝てしまうことが多い	4	12.9
宿題ができていないことが多い	6	19.4
持ち物の忘れ物が多い	14	45.2
習い事を休むことが多い	2	6.5
提出物を出すのが遅れることが多い	5	16.1
修学旅行などの宿泊行事を欠席する	1	3.2
保健室で過ごすことが多い	1	3.2
学校では1人で過ごすことが多い	1	3.2
友だちと遊んだり，おしゃべりしたりする時間が少ない	2	6.5
特にない	15	48.4
無回答	1	3.2

⑥悩み

　悩んでいることについては，「学校の勉強や成績のこと」が15人（48.4%），「友だちのこと」が11人（35.5%）であり，学習面や友人関係で悩んでいる者が多い．

表6-58　悩み（人，%）

全体	(31)	%
友だちのこと	11	35.5
学校の勉強や成績のこと	15	48.4
習い事のこと	8	25.8
家族のこと	7	22.6
生活や勉強に必要なお金のこと	5	16.1
自分のために使える時間が少ないこと	3	9.7
その他	4	12.9
特にない	0	0.0
無回答	0	0.0

⑦世話の内容

　世話の内容について，「見守り」が13人（46.4%），「食事のしたくやそうじ，せんたく」が10人（35.7%），「お風呂やトイレの世話など」が8人（28.6%）であり，小学生でも，家事だけでなく，入浴介助や排泄介助などの直接介護を行っている者が多いことが分かる．

表6-59　世話の内容（人，%）

全体	(28)	%
食事のしたくやそうじ，せんたく	10	35.7
きょうだいの世話や送り迎えなど	2	7.1
お風呂やトイレのお世話など	8	28.6
買い物や散歩に一緒に行く	4	14.3
病院へ一緒に行く	1	3.6
話し相手	5	17.9
見守り	13	46.4
通訳（日本語や手話など）	2	7.1
お金の管理	0	0.0
薬の管理	1	3.6
その他	2	7.1
無回答	5	17.9

⑧何歳から世話をしているか

　何歳から世話をしているかについて，小学生（低学年）が11人（39.3%），就学前が8人（28.6%），小学生（高学年）が4人（14.3%）であり，就学前から長期間世話をしている者も多い.

表6-60　何歳から世話をしているか（人，%）

全体	(28)	%
就学前	8	28.6
小学生（低学年）	11	39.3
小学生（高学年）	4	14.3
無回答	5	17.9

⑨どのくらい世話をしているか

　どのくらい世話をしているかについて，「ほぼ毎日」が12人（42.9%），「週に3～5日」が7人（25.0%），「週に1～2日」が3人（10.7%）となっており，ほぼ毎日世話をしている者が多い.

表6-61　どのくらい世話をしているか（人，%）

全体	(28)	%
ほぼ毎日	12	42.9
週に3～5日	7	25.0
週に1～2日	3	10.7
1カ月に数日	2	7.1
その他	1	3.6
無回答	3	10.7

⑩世話をしていることによる経験

　世話をしていることで，どのような経験をしているかについて，「特にない」が18人（64.3%）で最も多い.

表6-62　世話をしていることによる経験（人，%）

全体	(28)	%
学校を休んでしまう	1	3.6
遅刻や早退をしてしまう	1	3.6
宿題など勉強する時間がない	2	7.1
眠る時間が足りない	3	10.7
友だちと遊ぶことができない	0	0.0

習い事ができない	1	3.6
自分の時間が取れない	3	10.7
その他	2	7.1
特にない	18	64.3
無回答	2	7.1

⑪世話をすることによる大変さ

世話をすることに大変さを感じているかについては,「特に大変さは感じていない」が16人（57.1%）,「気持ちの面で大変」が6人（21.4%）,「体力面で大変」が1人（3.6%）となっており，精神面での負担を感じている者が多い.

表6-63　世話をすることによる大変さ（人，%）

全体	(28)	%
体力面で大変	1	3.6
気持ちの面で大変	6	21.4
時間の余裕がない	3	10.7
特に大変さは感じていない	16	57.1
無回答	4	14.3

⑫相談の有無

世話をしている家族のことや，世話の悩みについて誰かに相談したことがあるかについて,「ない」が20人（71.4%）,「ある」が7人（25.0%）であり，相談したことない者が多い.

表6-64　相談の有無（人，%）

全体	(28)	%
ある	7	25.0
ない	20	71.4
無回答	1	3.6

⑬相談した相手

誰に相談したかについては,「家族」が5人（71.4%）,「友だち」が2人（28.6%）,「学校の先生」が1人（14.3%）となっており，相談する相手は家族がほとんどであり，家族や友人以外の学校の先生や専門職などの支援者に相談する者はいないことが分かる.

表6-65　相談した相手（人，%）

全体	(7)	%
家族（お父さん，お母さん，おじいさん，おばあさん，きょうだい）	5	71.4
しんせき（おじさん，おばさんなど）	0	0.0
友だち	2	28.6
学校の先生（保健室の先生以外）	1	14.3
保健室の先生	0	0.0
さわやか相談員	0	0.0
スクールソーシャルワーカーやスクールカウンセラー	0	0.0
病院・医療・福祉サービスの人	0	0.0
近所の人	0	0.0
SNS上での知り合い	0	0.0
その他	1	14.3
無回答	0	0.0

⑭相談していない理由

相談していない理由については，「誰かに相談するほどの悩みではないから」が9人（45.0%），「相談しても何も変わらないから」が4人（20.0%）であり，世話していることを誰かに相談するほどの悩みではないと思っている者が多い．

表6-66　相談していない理由（人，%）

全体	(20)	%
誰かに相談するほどの悩みではないから	9	45.0
誰に相談するのがよいかわからないから	3	15.0
相談できる人がいないから	1	5.0
家族のことを話したくないから	3	15.0
相談しても何も変わらないから	4	20.0
その他	3	15.0
無回答	3	15.0

⑮悩みを聞いてくれる人の有無

相談したことがない者の中で，家族のことや，悩みを聞いてくれる人はいるかについて，「いる」が10人（50.0%），「いない」が7人（35.0%）である．

表6-67　悩みを聞いてくれる人の有無（人，%）

全体	(20)	%
1．いる	10	50.0
2．いない	7	35.0

無回答	3	15.0

⑯学校や周りの大人に助けてほしいこと

学校や周りの大人に助けてほしいこと，相談したいことについて，「特にない」が15人（53.6%）で最も多い．

表 6-68　学校や周りの大人に助けてほしいこと（人，%）

全体	(28)	%
話を聞いてほしい	2	7.1
家族のことについて相談にのってほしい	2	7.1
お世話のことなどについてわかりやすく教えてほしい	1	3.6
自分が行っているお世話を誰かに代わってほしい	0	0.0
自由な時間がほしい	3	10.7
勉強を教えてほしい	2	7.1
お金のことを助けてほしい	0	0.0
その他	1	3.6
特にない	15	53.6
わからない	5	17.9
無回答	1	3.6

2）中学生

①学年

中学生について，相談したくないヤングケアラーは，「1年生」15人（36.6%），「2年生」12人（29.3%），「3年生」12人（29.3%）である．

表 6-69　学年（人，%）

全体	(41)	%
中学1年生	15	36.6
中学2年生	12	29.3
中学3年生	12	29.3
答えたくない	2	4.9

②性別

性別について，男が23人（56.1%），女が16人（39.0%）で，男が多い．

表 6-70　性別 (人，%)

全体	(41)	%
男	23	56.1
女	16	39.0
その他	0	0.0
答えたくない	2	4.9

③欠席

欠席について，「ほとんど欠席しない」が31人 (75.6%)，「たまに欠席する」が6人 (14.6%)，「よく欠席する」が4人 (9.8%) であり，欠席しがちな者は2割程度いることが分かる．

表 6-71　欠席 (人，%)

全体	(41)	%
ほとんど欠席しない	31	75.6
たまに欠席する	6	14.6
よく欠席する	4	9.8

④遅刻・早退

遅刻・早退について，「ほとんどしない」が29人 (70.7%)，「たまにする」が10人 (24.4%)，「よくする」が2人 (4.9%) であり，遅刻や早退しがちな者が3割程度いることが分かる．

表 6-72　遅刻・早退 (人，%)

全体	(41)	%
ほとんどしない	29	70.7
たまにする	10	24.4
よくする	2	4.9

⑤学校生活

学校生活において，あてはまるものについて，「提出物を出すのが遅れることが多い」が22人 (53.7%)，「持ち物の忘れ物が多い」が19人 (46.3%)，「宿題などできていないことが多い」が17人 (41.5%) となっており，提出物や宿題を出せない生徒が多いことが分かる．

第6章　切れ目のないこども・若者支援でケアラーを支える埼玉県上尾市　*153*

表6-73　学校生活（人，%）

全体	(41)	%
授業中に寝てしまうことが多い	13	31.7
宿題などができていないことが多い	17	41.5
持ち物の忘れ物が多い	19	46.3
部活動や習い事を休むことが多い	10	24.4
提出物を出すのが遅れることが多い	22	53.7
修学旅行などの宿泊行事を欠席する	1	2.4
保健室で過ごすことが多い	3	7.3
学校では1人で過ごすことが多い	5	12.2
友人と遊んだり，おしゃべりしたりする時間が少ない	4	9.8
特にない	10	24.4
無回答	1	2.4

⑥悩み

　現在，悩んだり，困ったりしていることについて，「学校の勉強や成績のこと」が32人（78.0%），「進路のこと」が24人（58.5%）であり，学業や進路のことで悩んでいる生徒が多い．

表6-74　悩みごと（人，%）

全体	(41)	%
友人との関係のこと	12	29.3
学校の勉強や成績のこと	32	78.0
進路のこと	24	58.5
部活動のこと	13	31.7
給食費など学校生活に必要なお金のこと	4	9.8
塾（通信含む）や習い事ができないこと	1	2.4
家庭の経済的状況のこと	7	17.1
自分と家族との関係のこと	11	26.8
家族内の人間関係のこと	11	26.8
病気や障がいのある家族のこと	4	9.8
自分のために使える時間が少ないこと	8	19.5
その他	2	4.9
特にない	0	0.0
無回答	0	0.0

⑦世話の内容

　世話の内容について，「見守り」が17人（45.9%），「食事のしたくやそうじ，せんたく」が16人（43.2%），「話し相手」が10人（27.0%）となっており，見守

りや家事をする者が多い.

表6-75　世話の内容（人，%）

全体	(37)	%
食事のしたくやそうじ，せんたく	16	43.2
きょうだいの世話や送り迎えなど	4	10.8
お風呂やトイレのお世話など	8	21.6
買い物や散歩に一緒に行く	8	21.6
病院へ一緒に行く	3	8.1
話し相手	10	27.0
見守り	17	45.9
通訳（日本語や手話など）	2	5.4
お金の管理	3	8.1
薬の管理	1	2.7
その他	4	10.8
無回答	6	16.2

⑧何歳から世話をしているか

　何歳から世話をしているかについて，「小学校高学年」が14人（37.8%），「小学校低学年」が7人（18.9%），「中学生以降」が5人（13.5%），「就学前」が4人（10.8%）となっており，小学生時代から長期間世話をしている者も多い.

表6-76　何歳から世話を始めたか（人，%）

全体	(37)	%
就学前	4	10.8
小学校低学年	7	18.9
小学校高学年	14	37.8
中学生以降	5	13.5
無回答	7	18.9

⑨どのくらい世話をしているか

　どのくらい世話をしているかについて，「ほぼ毎日」が16人（43.2%），「週に1～2日」が5人（13.5%），「週に3～5日」，「1カ月に数日」がそれぞれ4人（10.8%）であり，「ほぼ毎日」世話をしている者が多い.

表6-77　どのくらい世話をしているか（人，%）

全体	(37)	%
ほぼ毎日	16	43.2

第6章 切れ目のないこども・若者支援でケアラーを支える埼玉県上尾市　　*155*

週に3〜5日	4	10.8
週に1〜2日	5	13.5
1カ月に数日	4	10.8
その他	2	5.4
無回答	6	16.2

⑩やりたいけど，できないこと

　世話をしていることで，やりたいけど，できないことについて，「特にない」が16人（43.2%）で最も多い．次いで，「友人と遊ぶことができない」が9人（24.3%），「睡眠が十分に取れない」，「自分の時間が取れない」がそれぞれ7人（18.9%）であり，友人との交流や睡眠が十分でない者が多い．

表6-78　やりたいけど，できないこと（人，%）

全体	(37)	%
学校に行きたくても行けない	1	2.7
どうしても学校を遅刻・早退してしまう	3	8.1
宿題をする時間や勉強する時間が取れない	3	8.1
睡眠が十分に取れない	7	18.9
友人と遊ぶことができない	9	24.3
部活や習い事ができない，もしくは辞めざるを得なかった	1	2.7
進路の変更を考えざるを得ない，もしくは進路を変更した	1	2.7
自分の時間が取れない	7	18.9
その他	1	2.7
特にない	16	43.2
無回答	5	13.5

⑪世話をすることによる大変さ

　世話をすることに大変さを感じているかについて，「特に大変さは感じていない」が14人（37.8%），「気持ちの面で大変」が13人（35.1%），「時間の余裕がない」が10人（27.0%），「体力面で大変」が7人（18.9%）となっており，精神面での負担を感じている者が多い．

表6-79　世話することによる大変さ（人，%）

全体	(37)	%
体力面で大変	7	18.9
気持ちの面で大変	13	35.1
時間の余裕がない	10	27.0
特に大変さは感じていない	14	37.8

無回答	6	16.2

⑫相談の有無

　世話をしている家族のことや，世話の悩みを誰かに相談したことがあるかについて，「ない」が31人 (83.8%)，「ある」が3人 (8.1%) で，相談したことがない者が多い.

表6-80　相談の有無（人，%）

全体	(37)	%
ある	3	8.1
ない	31	83.8
無回答	3	8.1

⑬相談した相手

　相談したことがある場合，誰に相談したかについて，「家族」が3人 (100.0%)，「友人」と「学校の先生」がそれぞれ2人 (66.7%) であり，相談する場合も家族以外に相談する者は少ない.

表6-81　相談した相手（人，%）

全体	(3)	%
家族（父，母，祖父，祖母，きょうだい）	3	100.0
親戚（おじ，おばなど）	1	33.3
友人	2	66.7
学校の先生（保健室の先生以外）	2	66.7
保健室の先生	0	0.0
さわやか相談員	0	0.0
スクールソーシャルワーカーやスクールカウンセラー	0	0.0
医師や看護師，その他の病院の人	1	33.3
ヘルパーやケアマネジャー，福祉サービスの人	0	0.0
役所や保健センターの人	0	0.0
近所の人	0	0.0
SNS上での知り合い	1	33.3
その他	0	0.0
無回答	0	0.0

⑭相談していない理由

　相談していない理由について，「誰かに相談するほどの悩みではない」が19人 (61.3%)，「相談しても状況が変わるとは思わない」が10人 (32.2%) である.

第6章　切れ目のないこども・若者支援でケアラーを支える埼玉県上尾市　　*157*

表6-82　相談していない理由 (人, %)

全体	(31)	%
誰かに相談するほどの悩みではない	19	61.3
家族以外の人に相談するような悩みではない	5	16.1
誰に相談するのがよいかわからない	4	12.9
相談できる人が身近にいない	5	16.1
家族のことのため話しにくい	5	16.1
家族のことを知られたくない	4	12.9
家族に対して偏見を持たれたくない	4	12.9
相談しても状況が変わるとは思わない	10	32.3
その他	1	3.2
無回答	2	6.5

⑮学校や周りの大人に助けてほしいこと

学校や周りの大人に助けてほしいことや，相談したいことについて，「特にない」が15人 (40.5%) で最も多い．次いで，「勉強のサポートがほしい」が7人 (18.9%)，「自由な時間がほしい」が6人 (16.2%) であり，学習面や自分の自由な時間がもてるような支援を希望する者が多い．

表6-83　学校や周りの大人に助けてほしいこと (人, %)

全体	(37)	%
話を聞いてほしい	2	5.4
家族のことについて相談にのってほしい	3	8.1
家族の病気や障がい，お世話のことなどについてわかりやすく教えてほしい	1	2.7
自分が行っているお世話のすべてを代わってほしい	0	0.0
自分が行っているお世話の一部を代わってほしい	4	10.8
自由な時間がほしい	6	16.2
進路のことなど将来の相談にのってほしい	3	8.1
勉強のサポートがほしい	7	18.9
お金のことを助けてほしい	1	2.7
わからない	6	16.2
その他	0	0.0
特にない	15	40.5
無回答	4	10.8

おわりに

ヤングケアラー支援については，ヤングケアラーを早期に発見した上で必要

な支援につなげることが課題となっている．そのために，まず，ヤングケアラーをどのように早期に発見するかが課題となる．ヤングケアラーについては，自分の世話のことを見せようとしないし，悩みがあっても相談しないといった理由から，支援が必要でも表面化しにくい構造となっており，早期発見は容易ではない．

本章では，上尾市がはじめて行った「ヤングケアラー実態調査」の個票データを用いて，ヤングケアラーの実態を二次分析することにより，声を上げにくいヤングケアラーの実態を分析した．具体的には，「ヤングケアラーという自覚がない者」の特徴を分析するとともに，「ヤングケアラーはなぜ相談しないのか」についても検証した．

ヤングケアラーに該当する者は，小学生の7.0％（約14人に1人），中学生の4.3％（約23人に1人）であった．国が行った調査では，小学6年生の6.5％，中学2年生の5.7％が「世話をしている家族がいる」と回答しており，全国と比べると小学生は多くなっており，1学級に2～3人のヤングケアラーが存在していることが分かった．

世帯構成別にヤングケアラーの特徴をみると，中学生では，ヤングケアラーの約1割が「ひとり親世帯」であり，「ひとり親世帯」への支援にヤングケアラー視点を入れることの重要性が確認できる．

「本人にヤングケアラーという自覚がない者」は，小学生240人 (5.5％)，中学生192人 (3.8％) に上っており，小学生では，ヤングケアラーに該当する303人のうち，79％が「自覚がない者」，中学生では，ヤングケアラーに該当する217人のうち，88％が「自覚がない者」であり，ヤングケアラーの多くは自覚がないということを前提に支援する必要があることを再確認できた．つまり，ヤングケアラーに該当する者のうち，ヤングケアラーとしての自覚がある者は，1割程度であることが分かる．本人にヤングケアラーという自覚がないこと，自覚がないために本人から「SOS」を出すことは難しいということを前提に，支援が必要なヤングケアラーとのつながり方を検討する必要がある．

「自覚がない者」の特徴として，小学生は，親と一緒に幼いきょうだいの世話をしている者が多く，学校生活では提出物が遅れる者が多い．家庭内でのケアは見えにくいため，学校生活面で顕在化している課題から，ケアを含む生活面の困りごとの相談を進めることができる．中学生は，家事をしている者が多く，学校生活では勉強や成績のことで悩んでいる者が多い．進路決定とも関係

してくるため，なるべく早期に学習面での相談に乗ることが必要である．

　「ヤングケアラーは，なぜ相談しないのか」については，本人にヤングケアラーという自覚がないことが要因の1つに考えられるだろう．小学生では，相談したことがあるヤングケアラーは，77人（26.5%），中学生では，39人（18.7%）にとどまっており，相談したことがない者が多い．その理由は，「誰かに相談するほどの悩みではないから」が多く，悩みや世話の内容を家族以外の人と共有することはほとんどない．

　こうした中，ヤングケアラーを早期に発見するためには，周りからヤングケアラーの存在に気づくことが重要になる．そのために，自覚がないヤングケアラーに顕在化している問題を手掛かりに，その背景に家族のケアが要因となっていないかを探ることが重要である．例えば，健康状態や，学校生活に当てはまることとして，睡眠不足，提出物の遅れ，進路が決められない，学習面での相談などが挙げられる．ヤングケアラーをどこがキャッチするかでなく，ヤングケアラーをどのようにキャッチするかが重要である．そのために，ヤングケアラーが抱える複合的な課題のうち，顕在化している課題について，「どこが」「どのように」キャッチできるかを整理することも必要である．

　こうしたヤングケアラーとつながるためには，こどもが抱える悩みや問題を包括的に捉える視点と対応が必要になる．そのために，上尾市の「子ども家庭総合支援センター」のように，こどもと若者の悩みや相談にワンストップで対応できる仕組みが，ヤングケアラー支援にも有効であると考える．また，こどもへの啓発も重要である．まず，自分がヤングケアラーであることを認識してもらうことが重要である．そのうえで，「自分たちが行っている世話は，支援の対象である」ことを知ってもらうことである．ヤングケアラーについてこどもに正しく知ってもらうこと，周りの大人もヤングケアラーの現状を正しく知ること，支援者は自覚がないヤングケアラーと，どうつながればよいかを探っていくことが，実効性のあるヤングケアラー支援につながっていくと言えよう．

注

1）日本総合研究所「ヤングケアラーの実態に関する調査研究報告書」2022〈https://www.jri.co.jp/MediaLibrary/file/column/opinion/detail/2021_13332.pdf〉（2024年7月19日最終アクセス）.

2）上尾市の概要〈https://www.city.ageo.lg.jp/page/gaiyo.html〉（2024年7月31日最終アクセス）.

3）上尾市「第 2 期上尾市子ども・子育て支援事業計画」2020 〈https://www.city.ageo.lg.
jp/page/024120032301.html〉（2024年 7 月31日最終アクセス）.

4）上尾市「上尾市ヤングケアラー実態調査報告書」2022〈https://www.city.ageo.lg.jp/u
ploaded/life/374956_993158_misc.pdf〉（2024年 7 月19日最終アクセス）.

終　章

新たなヤングケアラーが
生まれないために

終 章　新たなヤングケアラーが生まれないために　　*163*

　本書は，ヤングケアラーが生まれる背景にある社会構造に焦点を当てて，そのリスク要因やメカニズムを明らかにしながら，"新たなヤングケアラーを生まない"ための社会的な支援の仕組みについて検討した．

　ヤングケアラーは，ケアに多くの時間を費やしているにもかかわらず，「誰かに相談しても状況が変わるとは思わない」という理由から，誰にも相談した経験がない者が多く，「助けて」と声を上げられないまま，家族全体が社会的に孤立する状況に陥りやすい．また，責任や負担の重さによっては，学業や友人関係などに影響がでることもあり，「子どもの権利」という視点からも社会的な問題となりつつある．まさに，ヤングケアラー問題は，個人や家庭の問題ではなく，社会全体で取り組む問題であり，ヤングケアラーを生まない社会に向けて，社会的な取組が求められている．

　こうしたヤングケアラー問題の背景には，社会の構造変化が大きく関係している．家庭内のケアニーズは増加している一方，家族の機能の弱体化，地域のつながりの希薄化，介護や福祉の制度が実態に追いついていない現状がある．ケアニーズと供給のアンバランスを保持しているのがこどもによるケアである．今後，ヤングケアラーが増えることはあっても，減る要素はない．このままでは，制度的な支援がないまま，こどもが介護を担い続けることになる．高齢者人口がピークになる2040年に向けて，さらに家庭内のケアニーズが増える一方，家族の機能の弱体化が進めば，ヤングケアラーがさらに増えることは必至である．早急にヤングケアラー支援策の強化とともに，"新たなヤングケアラーを生まない"という，予防戦略を進める必要がある．

　「見えない介護者」はヤングケアラーだけではない．大人の介護者も，職場や周りの人に相談できず，自分だけで，あるいは家族だけで介護を抱え込んでしまっている人は多い．働きながら家族を介護する「ビジネスケアラー」も増えている．経済産業省は，「ビジネスケアラー」を巡り，労働生産性の低下や介護離職に伴う経済面の損失が，令和12年に9兆円超に上るとの試算を公表した．家族のなかに幼いこどもや，障害や病気，介護等で自立できないメンバーがいるとき，それをサポートする社会の支援があって当然，という意識が定着すれば，ヤングケラーも大人のケアラーも苦しまなくてすむ．

　本書は，人口減少・少子化が顕著に進展していく大きな変わり目にあたり，

近年，注目されるようになったヤングケアラーについて，その実態と支援の方向性を理論的・実証的に分析・考察したものである．また，ヤングケアラー問題を新たな社会問題として捉えるべき視点も提起している．今後，こうした社会問題に社会全体で取り組むための支援の蓄積を示していきたい．

謝　　辞

　A市，北海道栗山町，埼玉県上尾市の関係者の皆様には資料や情報の提供をいただきました．これらの情報によって，図書執筆に着手することができました．この誌上をもちましてご協力に感謝の意を申し上げます．

　本図書はJSPS科研費（21K02017）（介護役割を担う家族の多様化に適応する介護保障システムに関する総合的研究）の助成を受けたものである．また，本研究は「第38回（2022年度）マツダ財団研究助成──青少年健全育成関係──」の支援を受けたものである．

　2024年11月

宮本　恭子

索　引

〈ア　行〉

上尾市ヤングケアラー実態調査　117
あげお版ネウボラ　116
アルコール　5
一時生活支援事業　4
一般社団法人日本ケアラー連盟　i
応益負担　3

〈カ　行〉

解決型支援　56
外国語対応通訳支援　61
外国語対応通訳派遣支援　79
外国籍　76
介護
　遠距離——　18
　——の社会化　19
　——負担　9, 41
　——保険制度　3, 17
　——保険法　19
　——保障システム　41
　——役割　32
　——離職　18
　在宅——　41
　老老——　18
改正子ども・若者育成支援推進法　　i
家計改善支援事業　4
家事　70
家族　6
　核——化　16
　——介護者支援　36
　——の機能　5, 18
　——福祉　5, 9
課題解決型支援　56
関係性の貧困　56

感情面のサポート　70
がん罹患者　21
企業福祉　5
共起ネットワーク分析　48
共助　7
きょうだい　44
金銭管理　71
栗山町ケアラー支援条例逐条解説　85
栗山町ケアラー支援推進協議会　90
栗山町ケアラー支援推進計画　92
栗山町社会福祉協議会　86
栗山町立北海道介護福祉学校　84
くりやまプレス　84
ケアラー（介護者）　87
　——支援条例　14, 46, 83
　ビジネス——　163
　見えない——　i, 163
ケアラーズカフェ　92, 93
経済的困窮　43, 56
憲法13条（幸福追求権）　7
憲法25条　6
公共交通　50
厚生労働省　13
公的　7
国民皆保険・皆年金　16
国民生活基礎調査　19
国立がん研究センターがん対策情報センター
　21
互助　7
子育て世代包括支援センター　116
子育て世帯訪問支援モデル事業　15
孤独・孤立対策　14
ことばのケア　59, 62
子供・若者育成支援推進大綱　14
子ども家庭総合支援センター　159

子どもの介護者　41
子どもの権利　35, 163
子供・若者育成支援推進大綱　46
こども・若者ケアラー支援条例　117
こども・若者支援　113
孤立　5

〈サ　行〉

埼玉県上尾市　113
自覚がない者　158
時間の貧困　48, 56
自己有用感　34
自助　6, 7
児童労働　35
島根県子どもの生活に関する実態調査　13,
　22
社会構造　9
社会保障（公助）　6, 7
社会問題　6, 164
　　新しい——　9
住居確保給付金　4
集中取組期間　15
周辺層　25
住民組織　7
就労準備支援事業　4
処方箋　ii
自立相談支援事業　4
新型コロナウイルス禍　14
スクールカウンセラー　15
生活困窮者自立支援制度　3
生活困窮世帯の子どもの学習　4
生活困難　24
　　——層　25
生活支援事業　4
精神障害者　22
制度の狭間　5
セーフティネット　3
専業主婦　17, 18
ソーシャルワーカー　15

スクール——　15

〈タ　行〉

ダブルケア　8
　　——世帯　6
地域共生社会　8
地域コミュニティ　8
地域福祉活動　8
長期雇用慣行　17
超高齢社会　41
通信制高校生　44
つながり続ける支援　56

〈ナ　行〉

ニッポン一億総活躍プラン　8
日本型雇用　5
　　——システム　16
日本型福祉　16
日本ケアラー連盟　14
ネグレクト　43

〈ハ・マ行〉

8050問題　5
発達障がい　5
ピアサポート　15
ひきこもり　5
非典型就労　53
ひとり親家庭　59
ひとり親世帯　21
福祉国家　15
福祉政策　9
福祉ニーズ　7
物質的剥奪指標　24
ブラジルコミュニティ　77
ふれあい広場くりやま　84
プロボノ活動　8
母国語支援　77
北海道栗山町　81
骨太の方針　15

索　引　*169*

ボランティア活動　7
ポルトガル語　77
本当の病　ii
見守り　70
民間サービス　8

〈ヤ・ワ行〉

役割規範　18
ヤングケアラー　i, 18
　新たな――　34, 163
　――・コーディネーター　15

――サロンネットワーク　36
――支援　35
――支援体制強化事業　15
――相互ネットワーク形成推進事業　15
――問題　3, 163
――予備軍　96
要介護者等　19
要保護児童対策地域協議会　13
幼保連携型認定こども園　83
予防的対策　41
ワンストップ相談窓口　117

《著者紹介》

宮本恭子（みやもと　きょうこ）

2012年　神戸大学大学院経済学研究科博士課程後期課程修了，博士（経済学）.
現　在　島根大学法文学部教授.

主要業績

『介護現場における人材の確保と定着』学術出版会，2012年.
『越境する介護政策　日本とドイツの介護保障システムの検証』日本評論社，2021年.
『地域が抱える"生きづらさ"にどう向き合うか（山陰研究ブックレット９）』（共著），今井印刷，2021年.
『教育＋若者が切り拓く未来　山陰発・持続可能な地域へのアプローチ（山陰研究ブックレット11）』（共著），今井印刷，2022年.
『地域社会の持続可能性を問う──山陰の暮らしを次世代につなげるために──（山陰研究ブックレット13)』（共著），今井印刷，2023年.

日本社会の変容とヤングケアラーの生成
──地域の実態調査から支援の方向性を考える──

2025年2月10日　初版第1刷発行　　　　＊定価はカバーに
　　　　　　　　　　　　　　　　　　　表示してあります

著　者　宮　本　恭　子 ©

発行者　萩　原　淳　平

印刷者　藤　森　英　夫

発行所　株式会社　晃　洋　書　房
〒615-0026　京都市右京区西院北矢掛町7番地
　　　　　　　電話　075(312)0788番(代)
　　　　　　　振替口座　01040-6-32280

装丁　仲川里美（藤原印刷株式会社）　　印刷・製本　亜細亜印刷㈱

ISBN978-4-7710-3894-3

JCOPY 〈㈳出版者著作権管理機構　委託出版物〉

本書の無断複写は著作権法上での例外を除き禁じられています.
複写される場合は，そのつど事前に，㈳出版者著作権管理機構
（電話 03-5244-5088, FAX 03-5244-5089, e-mail：info@jcopy.or.jp）
の許諾を得てください.